Satisfaction

Satisfaction
The Art of the Female Orgasm

サティスファクション

究極の愛の芸術

キム・キャトラル&マーク・レヴィンソン［著］
フリッツ・ドルリー［イラスト］
清水由貴子［訳］

Kim Cattrall AND Mark Levinson
Illustrations BY Fritz Drury
Translated BY Yukiko Shimizu

SATISFACTION
THE ART OF THE FEMALE ORGASM
by Kim Cattrall and Mark Levinson with illustrations by Fritz Drury
Copyright © 2002 by Kim Cattrall and Mark Levinson
All rights reserved.
This edition published by arrangement with Warner Books, Inc., New York,
NewYork, USA through Owl's Agency Inc., Tokyo

Designed by MARTY inc.

正直と思いやり、それがすべて。

　本書は、セックスの知識があり、刺激に満ちたすばらしい性的関係を保ちたいと願う大人向けに書かれています。著者は医学の専門家ではありません。ここに示したガイドラインや新しいアイディアは、各自の判断にしたがって取り入れてください。これらの体位やテクニックは安全で、多くの方に満足いただけますが、個人差がありますので、身体の状態に合わないものはやめましょう。不明な点があれば、健康管理の専門家に相談してください。

　本書に惜しみなく協力してくれたモデルの方々に、心から感謝を捧げます。

記号の意味

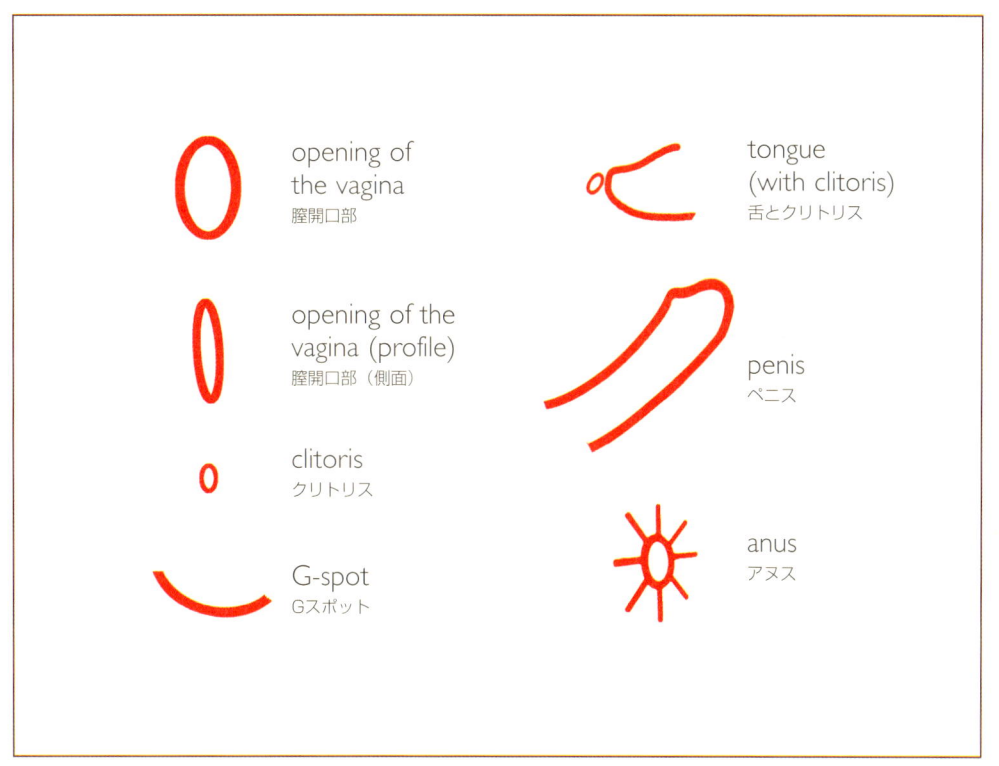

Contents

はじめに 11

キムからのメッセージ 14

マークからのメッセージ 26

男はみな芸術家 33

真実の怖さ 38

自由 43

クリトリス 44

基本の姿勢 47

円 50

8の字 52

上下に舐める 53

左右に舐める 54

唇と歯 56

クリトリスの痙攣 60

指 64

肛門を刺激する 70

オーラルセックス後に挿入する 75

乳房や乳首を愛撫する 78

口によるオルガスム

──何度も、あるいはずっと持続させる 80

絶倫舌 82

挿入 84

人気の体位 85

挿入したまま動く 90

ペニスでクリトリスに触れる 95

男性が動かない後背位 97

騎乗位でGスポットを刺激する 99

サイドからの挿入、横方向のピストン運動 100

超快速Gスポットマッサージ 103

馬乗りでバックから挿入する 107

亀頭を陰唇にあてる 109

脚を頭上に上げる 110

見る女性、見ない男性 113

女性上位 114

バイアグラ 116

ちらっと見せる 118

膣から出して口へ 121

早漏 123

コミュニケーション 125

虐待 131

勇気づける 133

清潔に、髭を剃って 135

まとめ 137

著者について 140

Index 142

Introduction
はじめに

　これはセックスの手引書ではありません。愛について書かれた本です。愛とは思いやること。つまり愛する人の性的な魅力を最大限に引きだしてあげたいと願う以上の思いやりはありません。恋人がじゅうぶんに満足させてくれない、そんな悩みを抱える女性も多いと思います。女性をオルガスムに——場合によっては何度でも——導くコツを心得ている男性もいますが、こうした例はごく一部です。この本には、カップルが心の底からセックスに満足するためのヒントが載っています。ただし、ここにある説明やイラストは、強い愛情がなければあまり意味がありません。

テクニックを身につけることは誰でもできます。けれどもテクニックだけでは、すばらしい恋人とは言えません。男性も女性も、好みや欲求は人それぞれです。学んだテクニックを最大限に活かすには、感性をみがき、相手のことを隅から隅まで知りつくす必要があります。この本の方法を実践するときは、真の目的はたんなる肉体的な行為ではない、ということを心に留めてください。恋人をより深く感じさせ、期待以上の開放感を与え、その結果、あなたとパートナーが心理的、感情的、そして精神的にひとつになる。それこそが目的なのです。

　女性を満足させる、というのはつまり欲求不満、失望、怒りといったネガティブな感情を吹き飛ばしてしまうことです。男性は、クライマックスに達しないセックスがどんなものであるかを考えなくてはいけません。それだけで、できるかぎり女性を悦ばすために、あらゆる手を尽くすようになるでしょう。

満たされた女性は燃え上がり、おのずと男性を気持ちよくさせたいと感じます。そうして、お互いに濃密なセックスを堪能し、満足感を味わうことができるのです。

A Note from Kim
キムからのメッセージ

　あなたは演じる役に似ていますか、とよく尋ねられます。全米の女性たちの間で社会現象になったスーパー・ヒット・ドラマ、『セックス・アンド・ザ・シティ』のサマンサ・ジョーンズみたいに、セックスにオープンな役柄を演じるくらいだから、さぞすばらしいセックスライフを送ってきたにちがいない、と。でも、じつを言うと、わたしの性経験は3年前までほとんど満たされないものでした。

　本書のひとつの目的は、セクシーな魅力のある女性はすばらしい性生活を送っている、という神話を崩すことです。ショービジネスとそれに関わる人々についての大げさで理想化された話が、ますますそうした絵空事を生みだします。役者が演じる役は、本人のひととなりや感情とはほとんど関係ないと言えます。わたしの場合、これまでの役柄——たいていはセックスに目覚めた現実的な女の子——は、わたし自身とも、現実の生活ともまったく似

ても似つかないものでした。それどころか、当時、こうしたまちがったイメージが、異性関係や性的な満足感のさまたげとなっていたのです。

　30代のはじめに、わたしは女友だちに相談しました。これまで付き合った男はみな、どうしたらお互いにセックスで満足し合えるかわかっていないと。すると彼女は、ハリウッドのセックスシンボル、リタ・ヘイワースを例にあげてこう言いました。男たちは、映画で見たあなたのイメージに慣れていて、いざ実物を目の前にすると、がっかりしたり、とまどったりするんじゃないかしら。それであなたもがっかりして、満足できないのよ。

　わたしは何人もの友人と話し、セックスセラピストの本を読んで、専門家のアドバイスを求めました。裸で鏡の前に立ち、自分の身体をもっと知ろうとしました。いろいろなイラスト入りの手引書も見ましたが、どうやったらパートナーとともにオルガスムに達するのか、きちんと説明しているものはありませんでした。

そして40歳に。セックスに不満をもちながら、20年も過ごしてきたのです。

　わたしには性欲がないんだ、と自分に言い聞かせました。すると、母がわたしの前ではそうだったように、セックスがそれほど大事だと思わなくなりました。わたしにとってセックスは、男に身体を支配され、挿入行為によってちょっとした快感を味わうことであり、パートナーとともにオルガスムに達したことは一度もなかったのです。そこでわたしは仕事と家族に全精力を傾けることにして、独身の女友だちと、いい男なんかぜんぜんいないわね、と愚痴をこぼし合っていました。

　ところが1998年1月、いまの夫であるマークと出会いました。それ以来、コミュニケーション、性欲、誠実さについて、さまざまなことを学んだのです。また、性生活でのいちばんの問題は、女性をオルガスムに導く方法を知らない男性が多く、いっぽうの女性は、男性がすべきことを口に出して言うだけの知識や自信に

欠けていることだと気づきました。セックスの話題そのものがタブーなのです。世の中でじつに多くの女性が性生活に不満をもち、ほとんどの男性がそれをどうしたらいいのかわかっていない。この事実を認めたい人はいないでしょう。

　マークとわたしが女性を満足させるための本を書いていると聞くと、友人たちはまず尋ねました。「1冊もらえる？」。それから「どうして自分たちの秘密をぜんぶばらすの？」。わたしはいつもこう答えていました。なぜセックスの知識は秘密だと思うの？　男女ともに満足するための方法を、なぜ隠したり、なりゆきにまかせなくちゃいけないの？　医者やセラピストがあれだけ本を書いているのに、それでもたくさんの人がセックスで満足感を得られないのはどうして？　セックスについての情報やアドバイスは、わかりやすく率直な方法で提供できるし、そうするべきだと思います。それこそ、マークとわたしがこの本で目指していることなのです。考え方、例、提案を愛する者どうしが理解し合い、それらを通じてお互いにより満足のゆくセックスを楽しんでいた

だくために書きました。

　サマンサ・ジョーンズは性的に奔放で、理想を追い求めて男から男へと渡り歩きます。たいていの女性は、もっとサマンサのようになれたらと思っています。彼女の性欲は尽きることなく、ベッドでも好き勝手にふるまうからです。おなじ理由で、サマンサを理想的な相手とみる男性も少なくありません。

　人間はもっとも本質的なことのひとつとして、すばらしいセックスを求めます。それは愛、思いやり、支え合いからなり、さまざまな面での成長や充実感をもたらすパートナーシップです。

　『セックス・アンド・ザ・シティ』を見てセックスに対する考え方が変わった、と言われることがあります。サマンサがあけっぴろげなおかげで、わたし（キム）に性的な失望や不満の経験が話しやすくなるのです。それはすばらしいと同時に悲しいことであり、また不思議にもわたし自身、おなじ不満を抱いていたこと

が慰められます。こうした経験によって、かつては孤独にさいなまれていましたが、いまでは多くの女性がおなじように感じていたと知りました。もしあなたがそう感じているのなら、あなたひとりだけではありません。それに、解決方法もあるのです！

ほとんどの場合、男も女も性的に求めるものはおなじです——愛する人との濃密な関係、じゅうぶんに満たされるセックス。けれども、多くのカップルがこれを達成するのに苦労しています。では、どうしたら性的な満足感を得られるのでしょう。

わたしの場合、性知識は挑戦と失敗から得たものです。でも最初のうちは、わたしが知っていた以上に知識のあるパートナーは、めったにいませんでした。女性のオルガスムはどこか他人ごと、あるいはマスターベーションやバイブレーターによってもたらされるものだったのです。かつて、何が自分に欠けているかを知りたくて、名うてのプレイボーイの気をひこうとしたことがありました。とにかく、女関係が派手で有名な人でした。ところが実際

は、セックスにまたもやがっかり。

　男性は、女性が心から満足するまでオルガスムに導く方法を知るべきだと思います。これは、よい関係を築くただひとつの秘訣であるばかりでなく、カップルを深く結びつけるための強力な接着剤なのです。

　満足感は、たんに説明やイラストから得られるわけではありません。こうしたものは、出発点やきっかけにはなりますが、最終的に、あらゆる意味で男性は女性を感じ、女性は男性を感じなければなりません。いつも男性にくみしかれていた女性は、失望への不安や長年の欲求不満に対する怒りはすぐに消えないでしょう。でもそうした感情は、オルガスムを知って、パートナーが自分をできるかぎり悦ばそうとする姿を見たとたんになくなります。男性にとっては、みずからの手で愛しい人を反応させるほどすばらしいことはありません。こうした望みをもつカップルのために、この本はきっと役に立つでしょう。

わたしは、きちんと愛撫されれば身体がたちまち反応することを知ってとても驚きました。そしてすぐ、オルガスムにも達するようになりました。悦びと体験が深まるにつれて、マークとわたしの絆も強くなっています。ひとたび男性が役割を心得れば、ふたりの関係がより濃密になるのはあっという間です。

　感情をおもてに出すのが恥ずかしいと考える人も多いでしょう。そのためには、心の準備、ふさわしいパートナー、そして適切な環境のいずれも欠かせません。男性が女性の愛し方を知っていれば、すべてが変わります。女性は、自分が反応しているのに気づいたら、あるがままの状態ですべてを感じてください。そうするうちに、ますます反応するようになります。わたしは感じ方を抑えることで、身を守っていました。けれども、感じるままにしておくほうが賢いと気づいたのです。わたしの場合、いまでも発展しつづけています。どんどん自分を解放しています——この旅に終わりはありません。すばらしい恋人に感謝の気持ちを伝えるいちばんの方法は、愛撫に応えることです。これは女性にとっ

て、パートナーへのとびきりの贈り物であり、自分自身がもっとも自由になる経験なのです。

　セックスの満足感を知らないで過ごしてきた人は、それが自分だけではないことに気づいてください。望みどおりの性生活を手に入れる方法はあります。わたしは知っています。何年も不満をもちつづけて、とうとう心からの満足を得る道を見つけたのですから。

A Note from Mark
マークからのメッセージ

　18歳のときにできた最初の恋人は、9つ上の女性だった。はじめてのセックスでは、ぼくはすっかり興奮して、何が起こるのかさっぱりわからなかった。何もわからないまま彼女にリードされ、3回目のときにオルガスムに達したと打ち明けられた。ぼくはそれに気づかなかったし、彼女の言う意味もわからなかった。女はどうやってオルガスムに達するのか？　どのように感じるのか？　ぼくは何か関わっているのか？　ぼくの手で導くことができるのか？　どうして彼女のオルガスムにまったく気づかなかったのか？

ぼくは混乱すると同時に恥ずかしかった。女性の身体と心の働きをもっとよく知って、できるかぎり最高の恋人を目指そうと誓った。

　なぜ彼女に尋ねなかったのだろう。どうしたら気持ちがいいか、より快感が高まるか、クライマックスに達するのか。こうしたことを気軽に訊ける男はほとんどいない。ふつうは尋ねないものだと思われている。

　たとえ尋ねたとしても、女性のほうが、どうしてほしいと説明するのに困るかもしれない。自分の身体のさわり方は知っている。でも、女の興奮をかきたて、イカせるために具体的に男がどういうことができるかを知っている女性は少ないだろう。

　おそらく、そういう話をしたら、その瞬間の魔法が消えてしまうと思っているのだ。ところがその話題を避けてきたがために、多くの女性が不満を抱く状況が生みだされた。

ぼくはいろいろな女性と付き合い、それぞれにあった方法を見つけることで、セックスについて多くを学んできた。回を重ねるごとにますます目覚め、直感を働かせ、本能的にパートナーを感じるようになった。大切なのは、自分、そして相手を知ることだ。それは誰にでもできる。

　男女の関係にこうあるべきだという法則はないが、性的な満足感がわずか、あるいはまったくなかったら、うまくいかない可能性が大きい。形ばかりで中身が伴わないのは、希望のもてるシナリオではない。われわれの社会で、このもっとも基本的で不可欠な知識——女性を満足させる方法——を伝える習慣がないのは驚きだ。何と言っても、男が恋人を本当に悦ばせれば、みずからをも解放することができるのだから。

　キムとぼくは、医者でもセックスセラピーの専門家でもない。ただ、どうしたらベッドで満足できるのか話し合うのを恐れない男女だ。この本に書かれたことが、より親密な恋人同士になりた

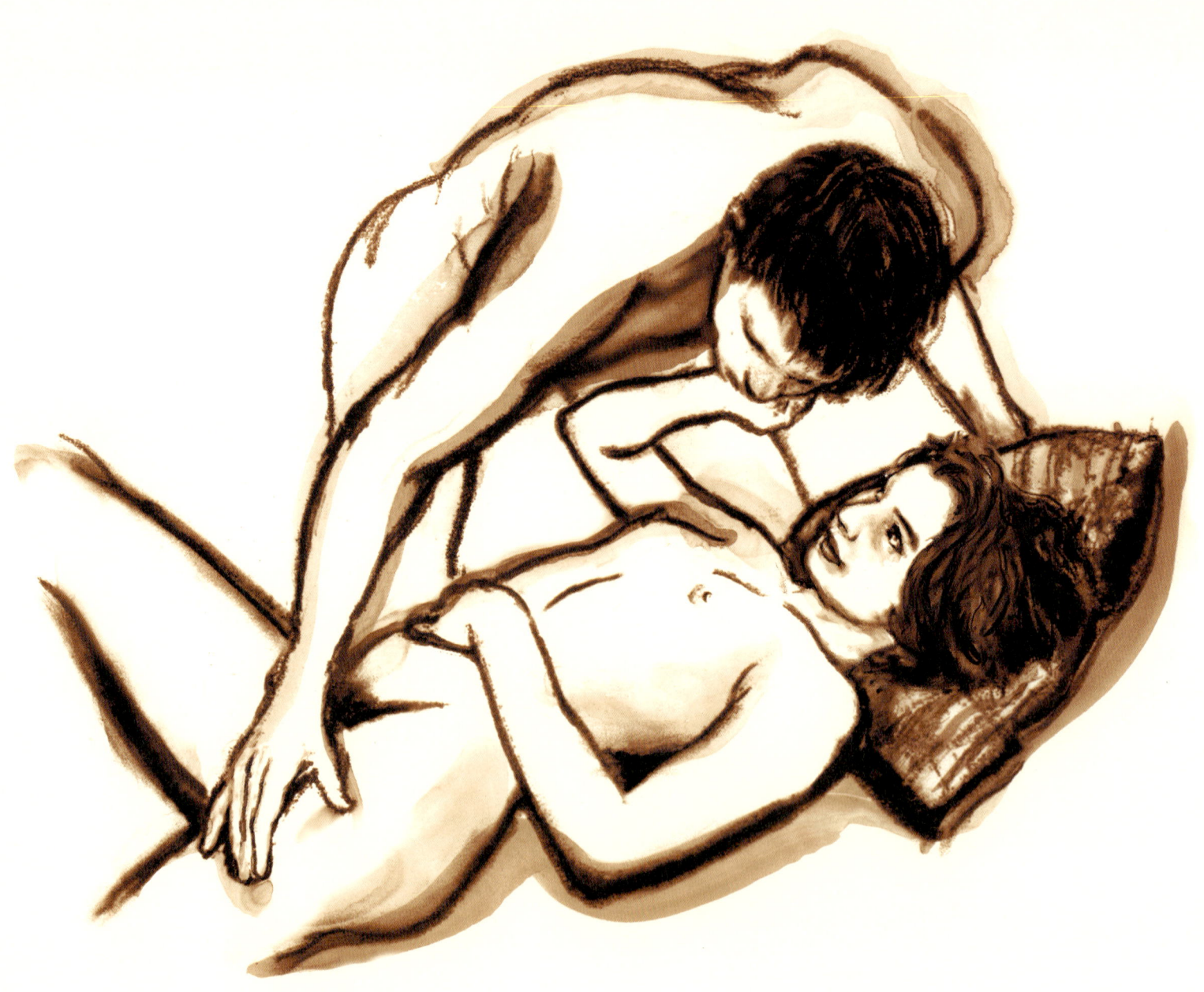

い人、そしてパートナーにセックスの上達を望む人の助けになることを祈っている。ひょっとしたら将来、これよりもすばらしい本が出るかもしれない。そのときは、ぼくたちは喜んで読み、そこから学ぶだろう。しかしいまに至るまで、このような内容の本には出会わなかった。だから、みなさんのお役に立てればと思い、この本を書いた。

ここでは、男は女を満足させたい、女は男とともに満足感を得たいと思っていることが前提である。そうでなければ、この本は何の価値もないので、ほかの方法をお勧めする。

本書の真の目的は、男性の感性をみがき、女性、そして自分自身に対する意識や認識を深めることである。結局、女が性的に満たされれば、男もすばらしい見返りを得るのだ。

「恋人がまだ芸術家でなかったら、なれるチャンスはあるわ。彼が"コツを呑みこん"であなたを感じはじめたら、反応を示すのを忘れないで」
　　　　　　　——キム

「ある晩、キムが言った。『あなたは芸術家だわ』こんなに褒められたのは、生まれてはじめてだ」
　　　　　　　——マーク

Every Man Can Be an Artist
男はみな芸術家

　どんな男性でも、なろうと決意すれば芸術家になることができます。意志をもって練習するだけでいいのです。

　この本に書いてあることは、画家のパレットの絵具みたいなものです。絵を描くのは男性。女性はインスピレーションを与えます。女性一人ひとりによって、本書のテクニックに好き嫌いがあるでしょう。男性はパートナーの好みにあった方法をとりいれる必要があります。男性も女性も、さわり方、リズム、動きは人それぞれです。セックスをするたびに、男性はパートナーや自分に対して新たな経験をもたらすことができます。女性を心ゆくまで満足させるためには、彼女が息づかいや身体、言葉で何を伝えているのか、注意を払うことが大切です。

最初に説明するテクニックを使って、どのような効果があるか試してみましょう——すぐにわかります。「いいわ」とか「いや」といった、はっきりした反応があるはずです。どういうときに「いいわ」と言うのかを見つけ、「いや」と言わせたテクニックは忘れてください。

　まず、やさしく始めます。強くするのは簡単ですが、最初から手荒いと失敗することがあります。もっと強くしてほしいか、彼女に訊いてみましょう。「もっと」と言うほうが、「弱くして」と言うよりも性欲をそそられます。でも、痛みを感じるようでしたら、女性は弱くしてほしいと伝えましょう。男性にとっていちばん大切なのは、女性の反応を見ながら手加減することです。彼女はしがみついているか、身を引いているか。濡れているかどうか。呼吸は浅く速いか、それともまったく落ち着いているか。こうしたサインによって、女性はみずからの反応を伝えているのです——男性はいつでもその反応に耳を傾けるようにしてください。

「ある人からこう言われたことがある。『これから言うことは、真実であるという大きな強みがある』。恋人の意見に反対するのはかまわないが、相手の感情がまちがっていると言ってはならない。感情に正しいも誤っているもない。考えたことを議論できても、感じたことは表現するのみだ。『きみの感情はまちがっている、そんなふうに感じるはずがない』と言えば、それ以上のコミュニケーションに通じる扉を閉ざし、関係をダメにしてしまう恐れがある。パートナーの声に耳を傾け、理解したということを示そう。彼女が『わたしはこう感じる』と言ったら、メッセージを受けとったことを伝えよう。『話してくれてうれしい』と言おう──それでうまくいく。

なかには、過去の経験によって深い不安を抱え、うわべだけの会話では簡単に解決できないこともある。そのときは、落ち着かせて理解する環境をつくるといい。そうすれば心が癒される」

──マーク

「女というのは、欲求不満だと打ち明けるのをためらうもの。男の自尊心を傷つけて、そのために乱暴されるのが怖いから。そういう不安があるかぎり、ふたりの関係に未来はまったくないわ。ただひとつ残された希望は、正直になること。穏やかに、それでいてはっきりと。

ほとんどの男は、率直な話に耳を傾けてくれる。率直というのは、簡単でわかりやすいことで、あいまい、攻撃的、意地の悪いという意味じゃない。性的な感情や欲求を話すのは、多くの女にとって簡単なことではないけれど、男は率直な話しかけに精いっぱい応じてくれるわ。

セックスに不満を感じているのだったら、そう伝えなくちゃ。もし言わないと、わだかまりができて、問題がややこしくなるだけ。でも、やさしく言うのを忘れないで。たとえば『あなたを心から愛してる。だからもっとセックスを楽しみたいの。いろいろ試してみない？』というように。たいていはこう答えるはず。『もちろんさ。

どういうふうにしたい？』。そうしたら、ここに載っている方法を教えてもいいし、あるいはこう言ってもいい。『あのね、こんな本があるの。あなたとこういうことをしたくてたまらないわ。この本のおかげでわたし、もっといい恋人になれそうよ』」

――キム

Fear of the Truth
真実の怖さ

本当のことを言うと恋人を傷つける、あるいはとんでもない喧嘩になる、と思っている人は多いでしょう。これは大きな不安の種であり、芸術の世界だけでなく、一人ひとりの生活においても永遠のテーマです。

サム・ライミ監督の映画『ギフト』(2000年、ビリー・ボブ・ソーントン、トム・エパーソン脚本) では、恐れ、真実、性、自己発見といったテーマが描かれています。南部を舞台にした不気味なホラー風のこの物語で、予知夢能力"ギフト"をもっている主人公のアニーは、真実を追求して人生を前に踏み出すために、恐ろしい危険に立ち向かいます。

ストーリーでは、町の名士の娘ジェシカの殺人事件が解明されます。彼女は婚約者に、「あなたでは物足りない」と告げ、ほかの男と寝たために殺されます。最初は別の男が逮捕されますが、アニーはうわべだけの解決に納得せず、真相を究明するのが使命だと考えます。

多くの女性がそうであるように、ジェシカは性的な満足感を求めながらも、なかなか見つけられずにいました。彼女を満足させたのは、社会とは相容れず、精神的に未熟で既婚の男、つまり禁じられた相手でした。ジェシカが関係を断ち切ったとき、乱暴者のドニーは彼女を殴り、裁判で有罪判決を受けます。しかし、真犯人は身なりのきちんとした高校の校長でした。彼はセックスでジェシカを満たせなかったせいで拒まれ、激昂のあまり殺したのです。

　著名な精神科医、カール・G・ユング博士によると、物語というのは、複数の登場人物がひとりの人間のさまざまな面を表わしていると言います。これに従えば、アニーの若さと欲望がジェシカによって表わされ、"殺され"たのです。そのために、アニーの感情は閉じこめられ、事件の真相を解き明かすことが、みずからを解放する唯一の方法となります。真実に立ち向かったアニーは、身の危険にさらされます。けれども、これを乗り越えてこそ、幸福で満たされた人生を歩めるのです。

現実の世界では、状況をはっきり見極めようとしたときにはじめて、人間は真の意味で成長します。つまり、ふだんは気にも留めないような自分自分の信念や考え、感情などを見直すのです。このなかには、他人との力関係も含まれます。

　いつの時代にも、男性は愛情の冷めた女性を捨てたり、殴ったり、ことによると殺したりしてきました。『ギフト』では、この昔からの恐怖が現代風に描かれています。パートナーが真実を聞くのに耐えられなくて、女性を殺すのです。

　多くの女性にとって、このテーマは潜在的な不安であるとも言えます。恋人や夫に真実を告げたらどうなるのかしら。わたし、セックスで満たされないの、と。彼はどうにかしてくれる？　でもどうやって？　つっぱねるか、別れるか、それとも別の女を見つけるかもしれない。簡単には解決できないと思う女性も多いようです。暴力をふるわれたり、無視されたり、あるいは"殺され"るかもしれないと思ったら、話し合うのはまっぴらでしょう。

では、どうしたら解決できるのでしょうか。女性はセックスの話題を気軽に口にし、男性は話しやすい環境をつくりましょう。お互いに満足できるセックスには、パートナー同士が正直かつ率直になることが欠かせません。とくに男性は非難がましいことを言われても、じっと我慢してください。パートナーの望んでいることに耳を傾け応じる姿勢があれば、すばらしい関係を築けるでしょう。

「男がいろいろな体位や愛撫を好きなように試して、効果的なテクニックを見つけてみがき上げる。それが自由というもの」

——キム

「何よりも刺激的なのは、シンプル、かつ心をこめて試されたこと。それは音楽でも愛でもおなじだ」

——マーク

Freedom
自由

　セックスのテクニックは音楽と似ています。生命力に満ちた動きをいきいきと表現するには熟達が求められます。ただし、テクニックにとらわれるミュージシャンは、本当に演奏しているとは言えません。おなじように、テクニックのことしか考えない恋人は、本当にセックスをしていないのです。

　まず、自分とパートナーにぴったりの方法を見つけ、それから始めましょう。腰を前後に動かし、背をのけぞらせ、身体を楽にして、より自由な動き、愛撫、会話で感情を表現してください。いろいろな方法を試してみます。相手に耳を傾けます。すると、自分のリズムや動き方がわかってくるはずです。

　ふたりでミュージシャンになりましょう。パートナーの好きな曲をかけると、それがあなたのお気に入りにもなります。

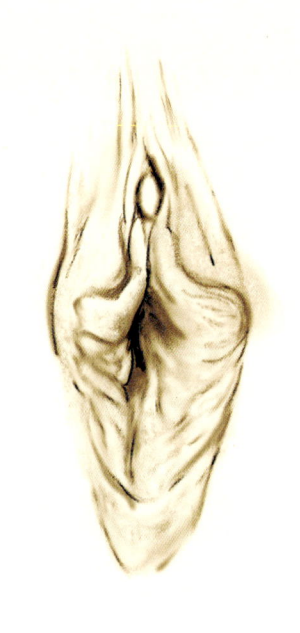

The Clitoris
クリトリス

　クリトリスは、おそらく女性の身体でもっとも敏感な部分です。クリトリスをたっぷり刺激すれば、どれほど満たされるか——性欲、感情、心、肉体の面で——わかっている男性はほとんどいなく、女性も同じです。男性は、この方法でパートナーを悦ばすことを覚えれば、みずからの満足感も高まるでしょう。

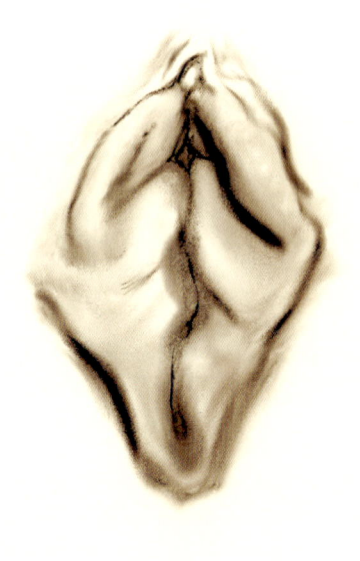

クリトリスの敏感さをじゅうぶん活かすには、舌、唇、歯、指を意のままに操るのがポイントです。女性は、力加減やスピード、動き、方向などがわずかに変化すると、たちまち感じます。どのテクニックで始めてもかまいませんが、大事なのは、女性の反応——クリトリスの反応も——を見て、好き嫌いを感じとることです。たとえばオーラルセックスで、女性がパートナーの行為を気に入れば、下腹部や太ももの力を抜き、もっと身を寄せてくるでしょう。でも、苦痛を感じていたら（力を加えすぎた場合など）、身体を引くか、彼の頭を押しやろうとします。そのときは、愛撫の力を弱めてください。クリトリスが大きくなっていれば、快感を覚えている証拠です。逆に縮んでいたら、そうではないのです。

重要なのは男性が、自分の指でさまざまなテクニックを試してみることです。唇や、ときには歯（軽く！）を使って指を押さえ、舌で触れます。唇や舌の力を強めると、指先の刺激が高まります。クリトリスでもおなじです。パートナーが唇や歯の刺激を好まないようでしたら、男性は、唇と歯で力を加えずに指を舐める練習をしてください。

Basic Position
基本の姿勢

　女性はベッドに仰向けになります。枕はあってもなくてもかまいません。男性はうつ伏せになり、女性の性器に口をあてます。女性は膝をまげて、無理のない範囲でひらくといいでしょう。あるいは、男性が床にひざまずき、女性をベッドやソファの端に引き寄せます。そうすれば、カイロプラクティックに通わなくてもすみます。横になったままオーラルセックスをすると、男性の首に過度の負担がかかるからです。

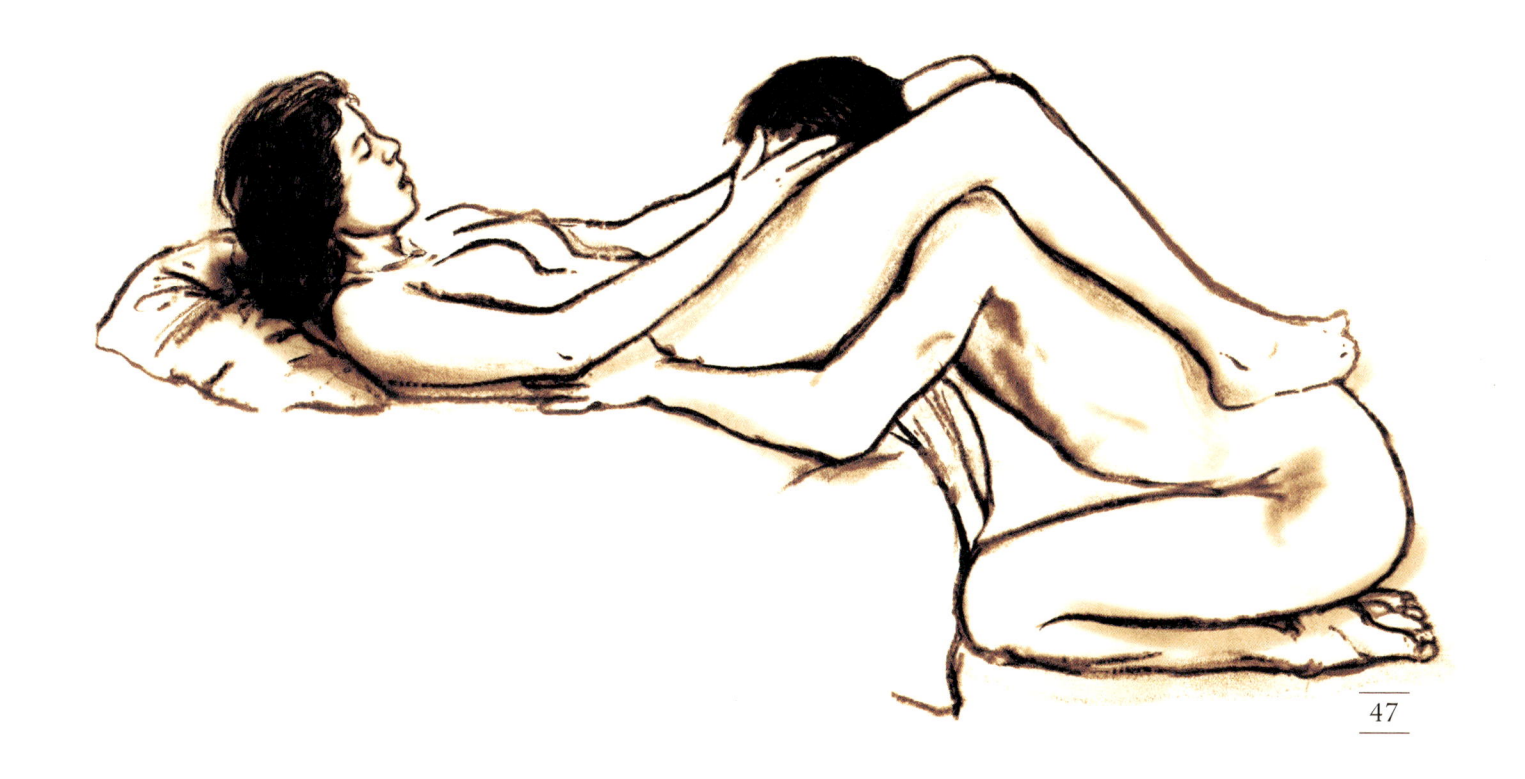

なかには、脚をとじて膝をのばしたほうが感じる女性もいます。その場合、女性はまず膝をまげて脚をひらき、男性が愛撫を始めてから伸ばしてとじます。

　女性は、パートナーがクンニリングスをする姿を見たいものです。ぜひ、そうしてください。そして、何度でも見つめ合いましょう。

　クンニリングスのとき、女性はじっと横になって楽しみたいと思うかもしれません。のたうちまわる女性相手には男性も苦労しますが、オーラルセックスでは、女性は感じたときに腰を振ると、お互いの興奮が高まります。ちょっと動くだけで、クリトリスを好きな位置にずらし、しばらく陰唇をなめてもらい、またクリトリスに導いたり、特定の場所（クリトリスの片側など）をつづけてもらったりすることができます。また、そのときに感じたままに動くのもかまいません。あるいは、言葉で希望を伝えるのもいいでしょう。

男性は、女性が動くのを感じたいと思っています。パートナーの反応で自信をもつと同時に、興奮するからです。

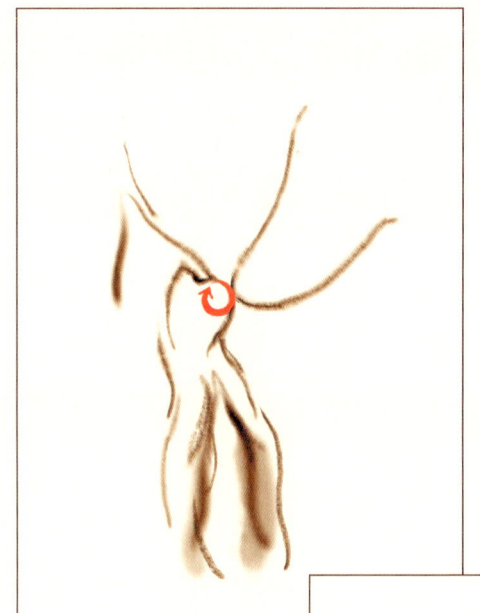

Circles
円

表面に舌で円を描くようにすると、クリトリスはたちまち反応します。円が小さいほど、クリトリスの先端を刺激します。円を大きくすれば、根元やまわりの部分に触れます。彼女はどちらも悦ぶでしょう。

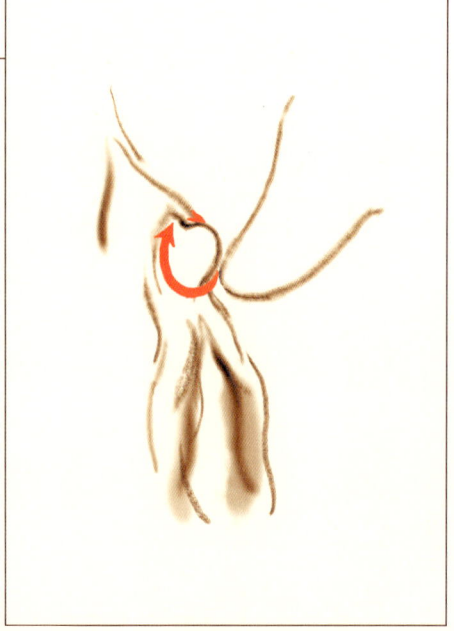

スピードは、1秒に1回転("ミシシッピ"と発音する速さ)から3回転のあいだにします。このテクニックは長い時間——10〜20分、ことによったら何時間でも——楽しめます。舌が疲れたら、しばらく休むか、ほかの方法で刺激を与えましょう。

円の方向はとても重要です。右回りに反応する女性もいれば、左回りを好む人もいます。両方とも好きだったら、方向を変えましょう。まず右に3〜5回、次に左に3〜5回、この組み合わせを何分間かつづけるのが、もっとも効果的です。

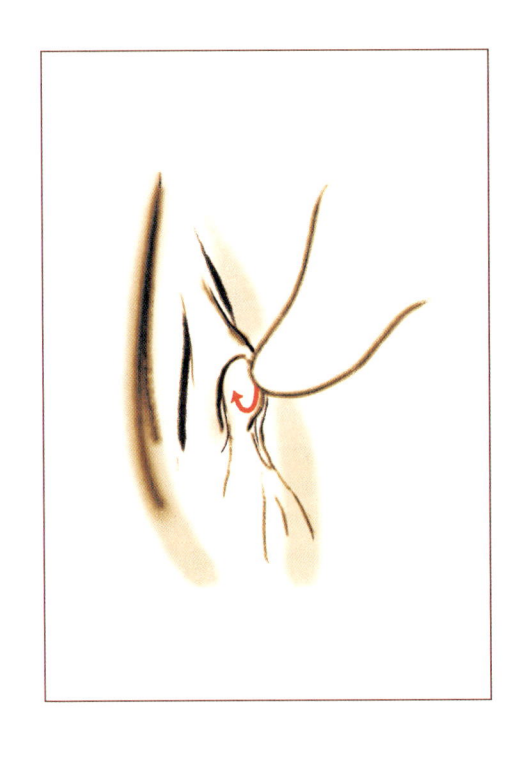

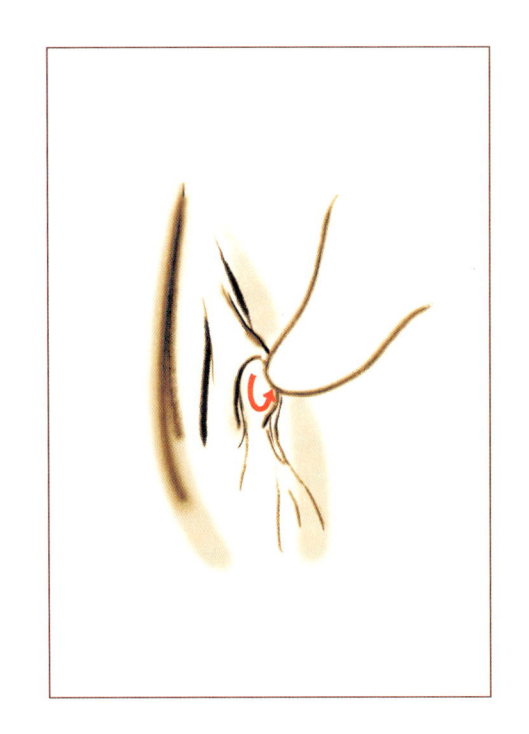

Figure Eights
8の字

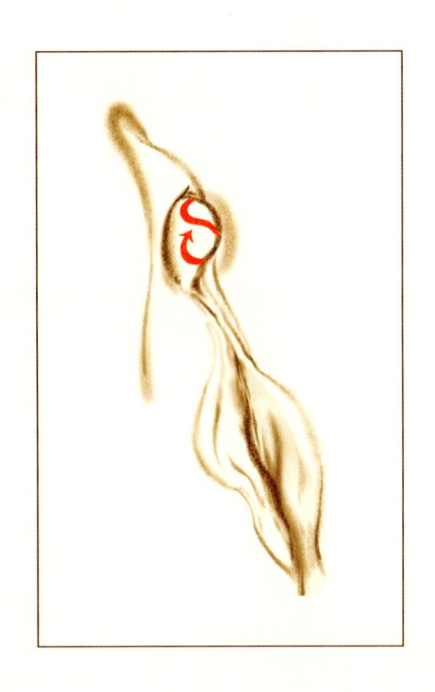

舌を絵筆のようにして、クリトリスに8の字を描きます。かなりのコントロールが必要ですが、すぐにマスターできます。1秒間にひとつ描くのがいいでしょう。右回りと左回りを交互に繰り返すと、快感が高まります。パートナーがどちらかを好むこともあります。男性は、できれば数分間つづけるようにしましょう。

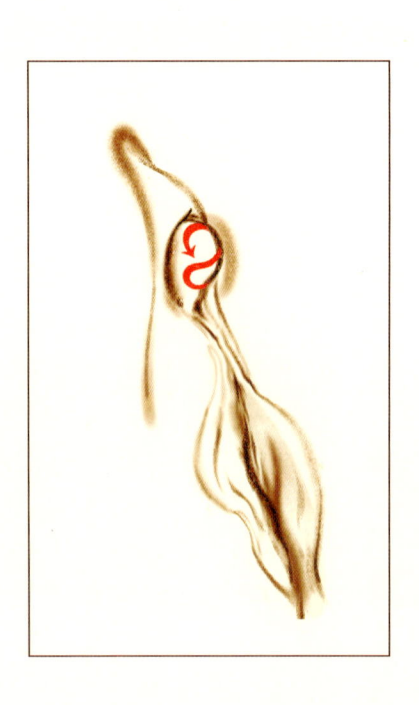

Up-Down Flicks
上下に舐める

クリトリスの先端を上下にさっと舐めると、驚くほど反応します。軽く刺激を与えたあとに、強く舐める、休む、強く舐める、休むというパターンを試してみてください。ゆっくりと、クリトリスの先端がまがるように舐めても、女性は気持ちよくなります。舌を速く動かす（軽く、または強く、あるいは交互に）のがとくにお勧めです。

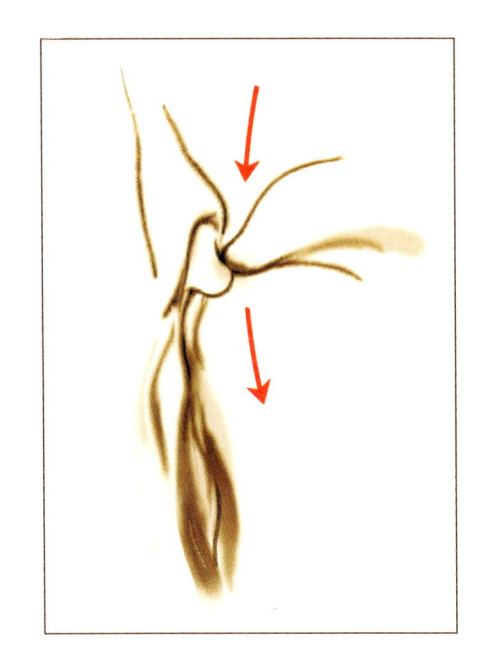

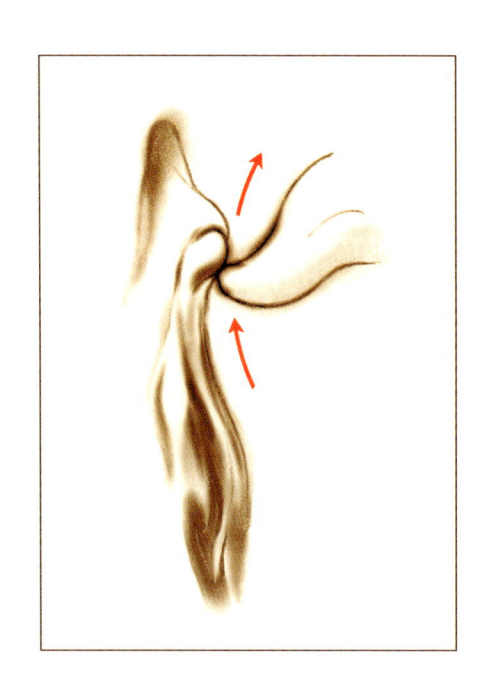

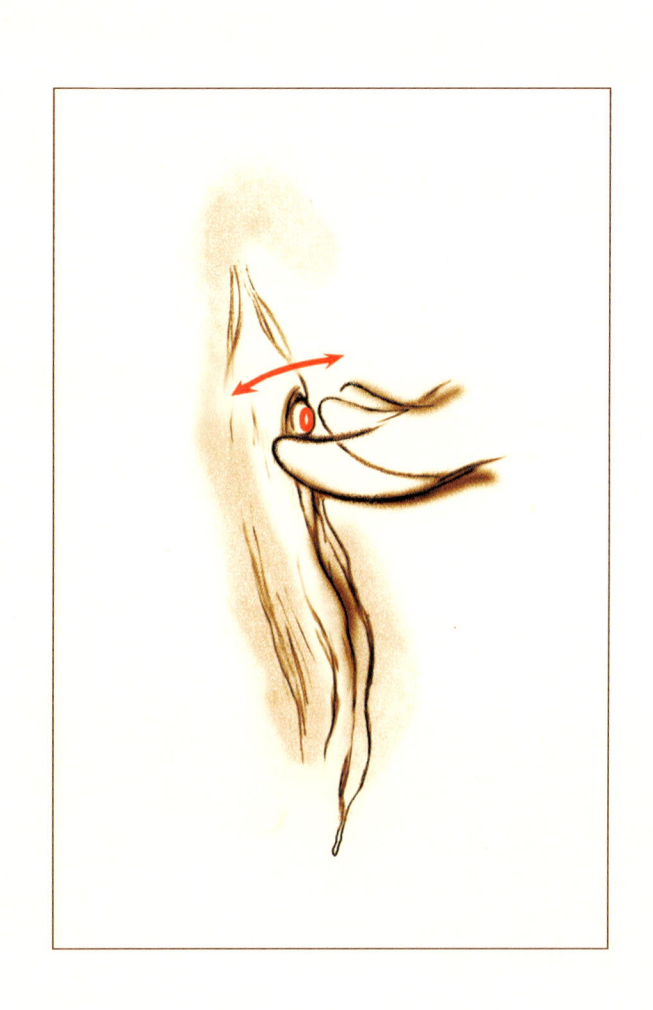

Left-Right Flicks
左右に舐める

　あらゆる動きのなかで、左右に舐めるのがもっとも興奮をかきたてます。練習すれば、男性は驚異的なスピード（1秒間におよそ6回）で舌を動かせるようになります。はじめは軽く速く、少しずつ力を加えてかなり強く舐める。次に羽根のように軽くしてから、ふたたび徐々に強めます。これを繰り返しましょう。

　ゆっくり左右に動かすのは、舌に負担がかかりません。したがって、より激しい動きで舌や口の筋肉が疲れたときに使えます。

男性は、次のように練習しましょう。

　鏡を見て、歯のあいだから唇に舌の先を出します。このとき、唇はわずかに内側に丸めてください。唇を舐めるように、舌を左右に動かします。少しずつ幅を狭め、唇の中心から左右に5ミリずつくらいにします。指先でこの動きを感じてみましょう。セックスのときには、口の端から端まで舌を動かす場合と、小幅にした場合とでは、パートナーの反応が異なるはずです。

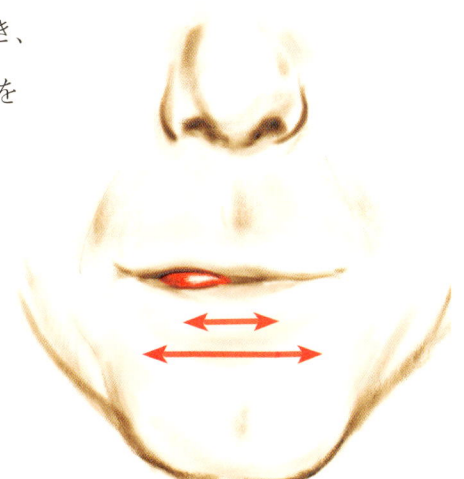

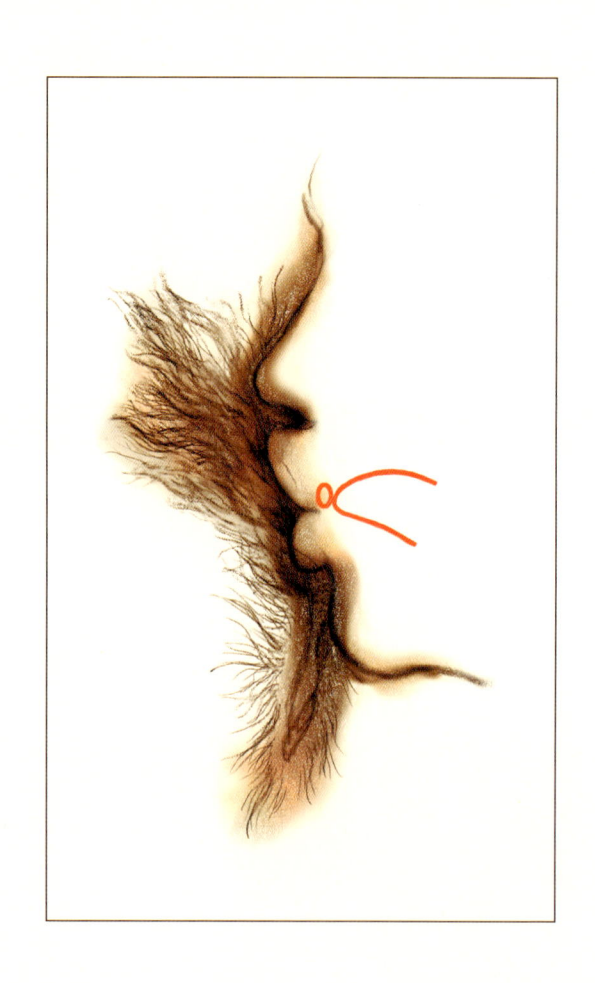

Lips and Teeth
唇と歯

　唇や歯を使って、クリトリスにさまざまな刺激を与えることができます。女性はこのうえなく興奮し、クリトリスが大きくなり、オルガスムに達するでしょう。まずは歯を使わずに、唇をクリトリスのまわりにあてて舌を近づけます。クリトリスをゆっくり吸いながら、舌で円を描くか、左右に舐めてみましょう。8の字を描けば、女性はさらに感じます。

なかには、クリトリスが隠れているために、刺激が伝わりにくい女性もいます。その場合は、前に説明したように唇をクリトリスにあてます。上下の歯を6ミリ（鉛筆の太さ）ほどひらき、クリトリスを覆っている皮膚（陰核包皮）を押しひらいて突き出るようにします。このときに、強弱をつけて左右に舐めると、驚くほど快感が増します。
　これは3つの動作を同時に行なうので、いくらか練習が必要かもしれません。

1．歯で陰核包皮を押しひらく。

2．クリトリスを軽く吸う。

3．強弱をつけて舌を左右に動かす。

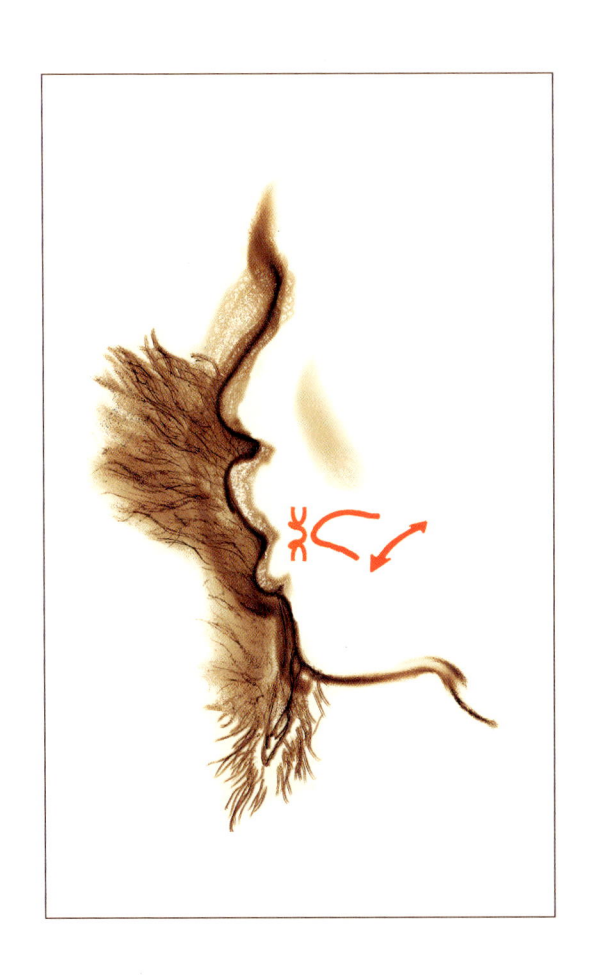

湿った下唇がクリトリスをかすめる感触がたまらない、という女性もいます。もしパートナーがそうだったら、クリトリスのすぐ上を左右に舐めながら、唇を膣からクリトリスへと這わせていきましょう。

　舌と唇で、以上のような動作がうまくできるようになったら、今度はごく軽く歯を使ってみます。

次のようにしてください。まず陰核包皮を押しひらき、クリトリスの根元にそっと歯をあて、そのまま上下の歯が触れそうになるまで上にスライドさせます。戻るときは、歯をじゅうぶんに広げてクリトリスの根元に滑らせます。表面を軽く撫でる程度にしてください。根元を少しだけ噛んで、クリトリスを突き出させます。そして、舌で円や8の字を描いたり、舐めたりしましょう。

大切なのは、パートナーのいちばん好きな方法を見つけることです。彼女の反応に合わせて、あらゆる方法を試してください。彼女の気に入ったものは、何度でもしてあげましょう。反応がなかったら、次のテクニックに移ります。

クリトリスは非常に敏感な器官です。歯を使うときには細心の注意を払いましょう。

歯で陰核包皮を
そっと押しひらく

根元から
上に
歯を滑らせる

歯をひらいて
戻り、
根元で噛む

突き出した
クリトリスに
円や8の字を描き、
舐める

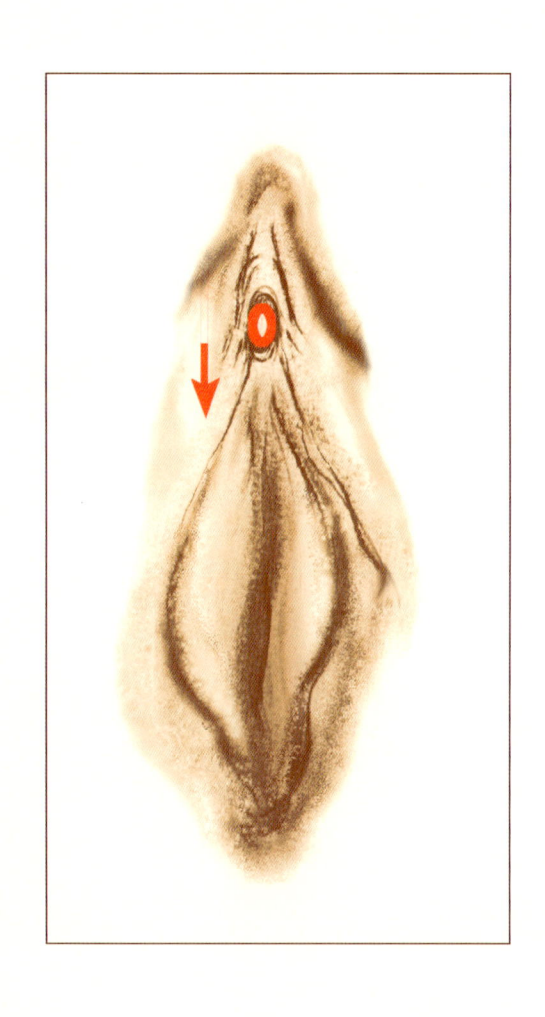

Clitoris Twitching
クリトリスの痙攣

　クリトリスは、ときには驚くほど動きます。個人差はありますが、たいていは刺激されると動き、通常の位置から陰唇のほうに振れて元に戻るというように、上下に痙攣します。男性がクリトリスに口をあてると、女性はこの動きをはっきり感じます。おなじように、女性の快感や緊張は男性にも伝わります。

　痙攣は、ちょっとの刺激で起こるものから、クライマックスの激しい脈動までさまざまです。クリトリスの大きさが根元の部分で6ミリ、脈動の幅が1.5ミリだとすると、クリトリスはその大きさの4分の1動いたことになります。こう考えてください……ペニスが太さの4分の1も動けば、男性にとっては大きな驚きでしょう（口のなかで男性がこれほど動くと、女性はひどく性欲をかきたてられます）。

男性は、パートナーと一体になれば、クリトリスが痙攣するときに、まさにおなじ興奮を味わえます。では、どうしたらこの反応が得られるのでしょうか。

　ほとんどの場合、唇、舌、濡らした指で愛撫すれば、クリトリスは痙攣します。先端にそっと円を描きつづけているうちに、痙攣が始まります。最初はもだえるように熱く反応して、やがてクライマックスに向かいます。力が強すぎると、男性はクリトリスの動きを感じられないどころか、女性の興奮を冷ましかねません。クリトリスが痙攣しだしたら、力を弱めてください。そうすれば、お互いこの動きを存分に楽しめます。

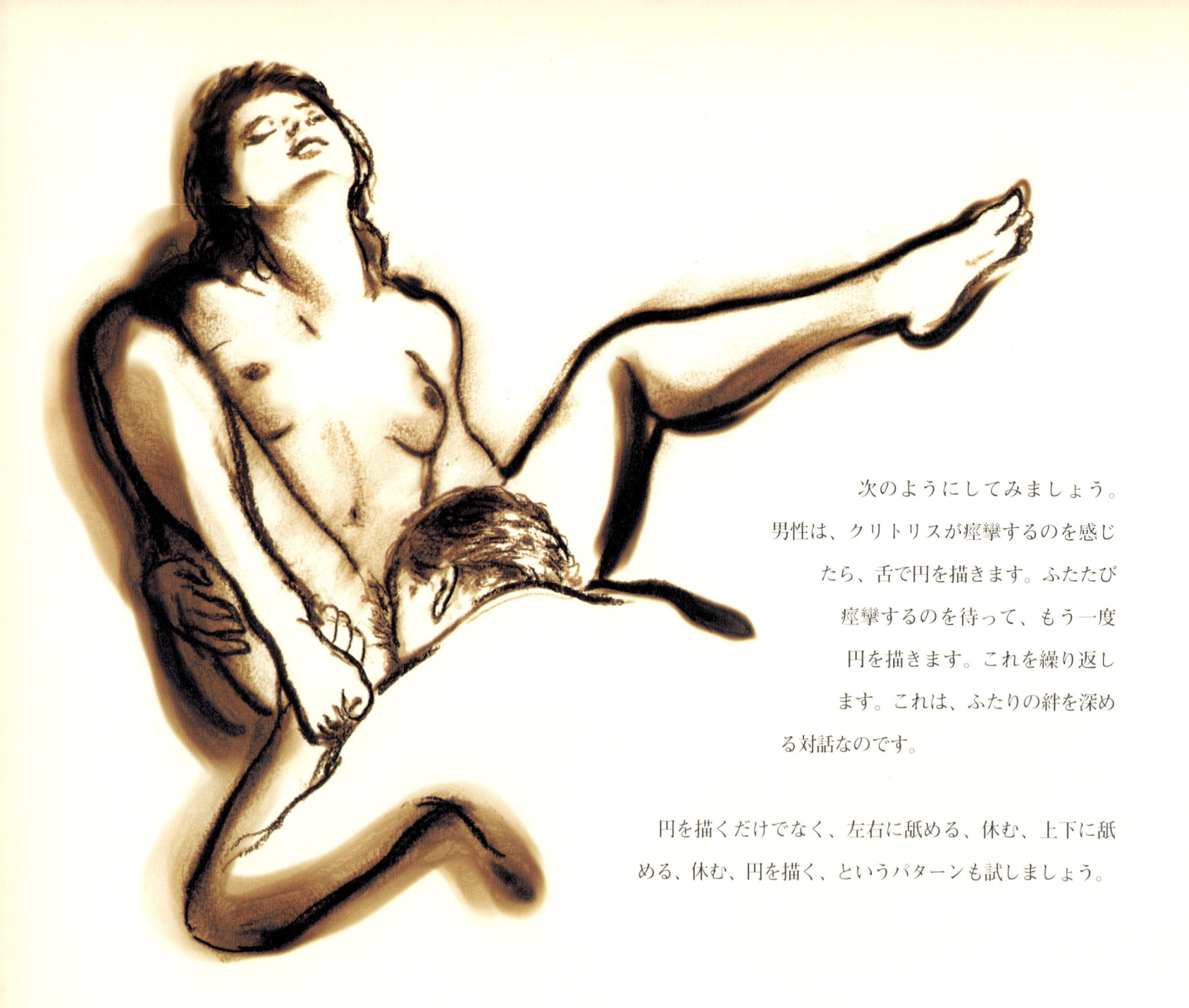

次のようにしてみましょう。
男性は、クリトリスが痙攣するのを感じ
たら、舌で円を描きます。ふたたび
痙攣するのを待って、もう一度
円を描きます。これを繰り返し
ます。これは、ふたりの絆を深め
る対話なのです。

円を描くだけでなく、左右に舐める、休む、上下に舐
める、休む、円を描く、というパターンも試しましょう。

クリトリスの先端にそっと円を描きつづけると、痙攣している
あいだじゅう、このうえない絶頂感を持続させることができます。

　クリトリスの痙攣は、クライマックスでのペニスの収縮とおな
じです——やさしく扱い、気づかぬふりをしてはいけません。

　女性によっては、オルガスムのあとにとても敏感になり、ごく
軽くさわってもらうか、あるいはじかに刺激されないことを好み
ます。いっぽうで、興奮を高めるために強い愛撫を望む人もいま
す。男性はパートナーの好みを知り、愛撫次第では時とともにそ
の好みが大きく変わる可能性もあることを心得てください。

　指で膣を持ち上げるようにすると、クリトリスはより激しく痙
攣します。ただし、膣を刺激しすぎると痙攣が弱まる場合もあり
ます。

Fingers
指

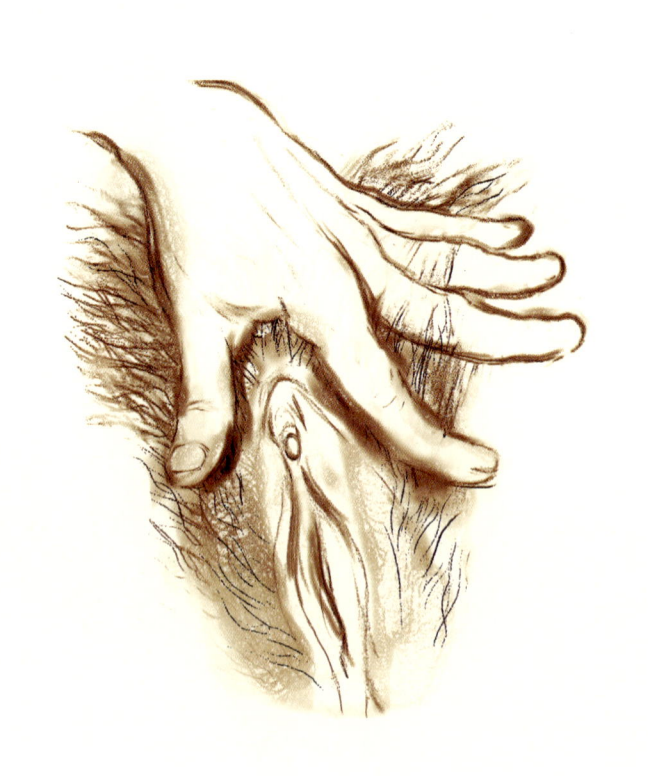

　オーラルセックスでは、さまざまな場面で指が役に立ちます。たとえば、クリトリスに触れやすくするために、陰唇を広げます。陰部を片手でやさしく握り、リズミカルに揉むと刺激を与えられます。あるいは、軽く握って乳房のほうに押し上げてもいいでしょう。こうすると、クリトリスを口に含みやすくなります。女性は、指先で下腹部をそっと撫でられると喜びます。上下、左右、とくに恥毛のラインにそって骨盤やおへそのほうに撫でてみましょう。羽根でさわるようになめらかに触れてください。

指を膣に入れて、膣内壁とクリトリスの裏側を刺激することもできます。指で触れる部分はたくさんあります。まず、陰唇の外側から始めてみましょう。軽くあてるだけで、女性はペニスが挿入されたときの感覚を味わえます。最初のほうにこうすると、女性は膣への刺激で気を散らさずに興奮します。たいていの女性は、まだ膣に何も受け入れていないうちは、クリトリスのまわりがもっとも反応します。これは、膣を刺激すると、クリトリスの快感が薄れるためです。女性が膣に入れてほしがったら、1本の指でゆっくり始めましょう。まず、円を描きながら陰唇に触れ、だんだんと膣に挿入します。このとき、爪（かならず丸く切り、清潔にしておくこと）を下に、指紋の側を上にしてください。

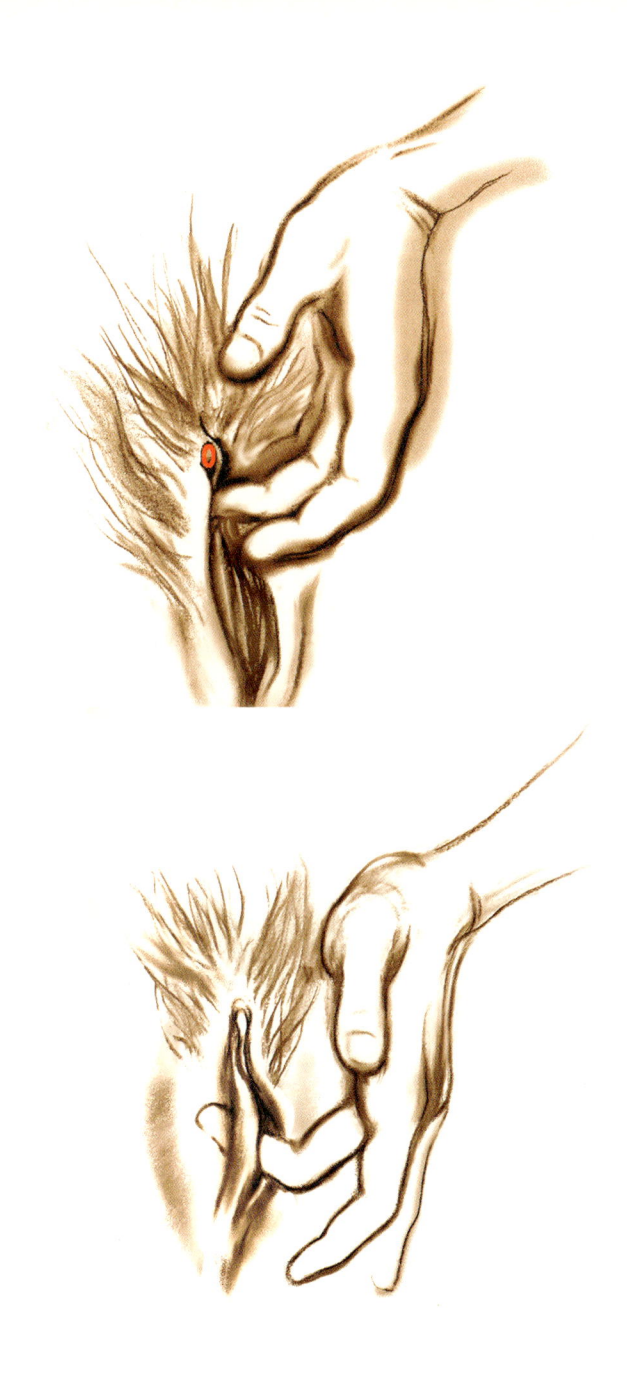

クリトリスの後ろにあたる部分で、指をゆっくり前後に動かし、次にクリトリスを舌で刺激します。舐めているときは、指を休めます。舌を止めてから指を動かします。これをしばらく繰り返しましょう。

　指は膣に入れたままにします（深すぎずに）。ただし、指が動いているあいだは、舌を動かさないでください。指を止めてから、舐めます。舌と指で同時に刺激すると、女性はものすごく興奮しますが、男性はくれぐれもタイミングを心得てください。両方してほしいときには肩に手を触れる、というように合図を決めるか、あるいは女性が身体を下にずらして、さらに求めてもいいでしょう。

女性の愛液がたっぷり溢れていたり、唾液がある場合には、指を2本入れることもできます。このときも指紋の側を上にします。ひとさし指と中指を自分のほうにまげ、交互に動かすと、女性はとろけるように興奮します。

　男性は、次の練習をしてください。

　ひとさし指と中指を顔の前で立てます。2本を少しまげます（「おいで」というように丸めます）。2本の脚がさかさまになったと考えて、1本ずつ、最初にひとさし指、次に中指を自分のほうに"歩かせ"ます。

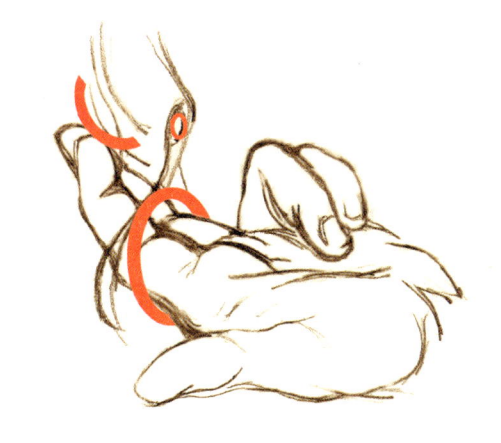

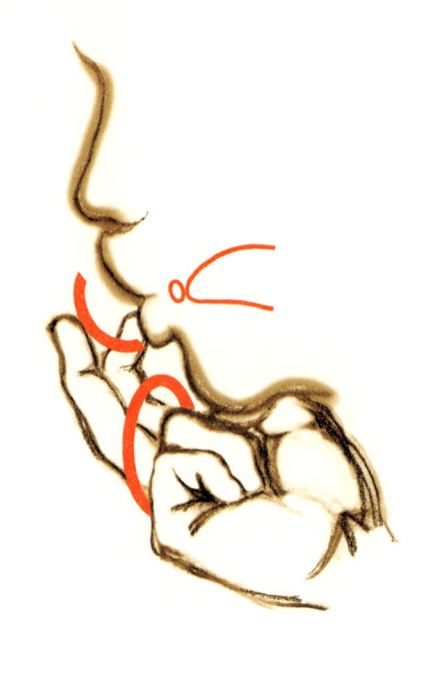

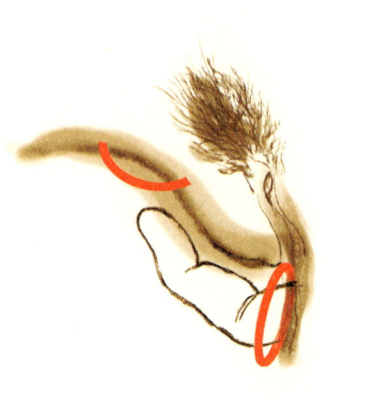

クリトリスを数分（あまり長くない程度に）刺激してから、2本の指を膣に挿入します。第一関節までなかに入れ、第二関節は出してください。指をまげて、指先でクリトリスの後ろの部分に触れます。指を1本ずつ動かして軽く押し上げながら、クリトリスを口に含みます。パートナーのいちばん敏感な部分（いわゆるGスポット）を探しあて、ゆっくりとこのポイントを練るように指を動かしつづけます。前述のとおり、指と舌を交互に使ってください。これをしばらく繰り返します。

ただ興奮させるのではなく、パートナーを熱くとろけさせたいときには、舌と指を同時に激しく動かしましょう。ただし、彼女が耐えられればの話ですが。

彼女の興奮が高ぶってきたら、2本の指を一緒に使います。第一関節と第二関節をまげ、のばしてまげる、のばしてまげる、これを繰り返します。それと同時に、クリトリスを吸いながら、舌で円を描き、左右に舐めます。

指を横に動かすのも、たいへん効果的です。ただしこの場合は、指紋の側を左または右に向けます。右手の場合は、てのひらが左側を向くようにします。指を１本または２本挿入します。クリトリスの後ろの部分をかすめるように、指をすばやく左右に動かします。うまくいけば、パートナーは大いに反応するでしょう。そのあいだに、クリトリスに舌の技を駆使し、ときどきより感度を高めるために、５秒から10秒ほど休みます。

　クライマックスで膣を刺激されるのを好むかどうかは、人それぞれです。たいがいは膣への刺激がなくても達しますが、外側と内側の両方を攻められるとオルガスムを感じない、という女性も少なくありません。なかなか昇りつめないと思ったら、指を抜いてイカせてあげましょう。ただし、彼女が手を膣に戻した場合は別です。

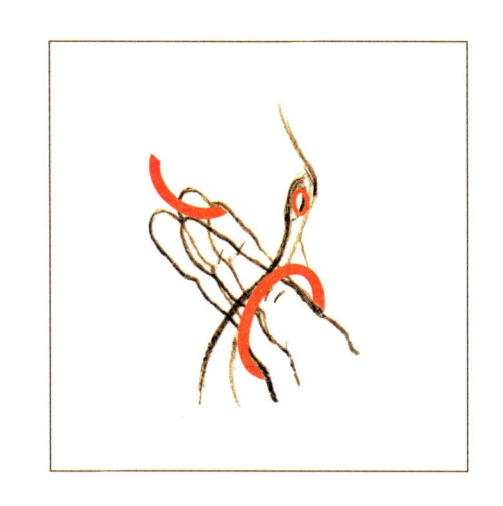

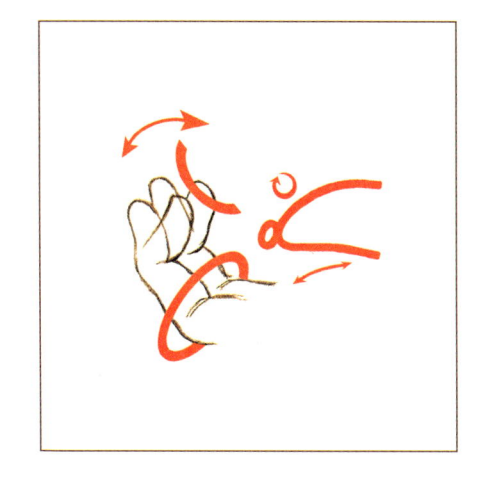

Anal Stimulation
肛門を刺激する

オーラルセックスにアヌス（肛門）への刺激を加えると、新たな興奮に目覚める女性もいます。その際、男性はいくつかの点に注意してください。とくに、小指にはかならず水溶性の潤滑剤を塗ります。できれば、セックスの前に肛門にも塗っておきます。

男性は、次のようにします。

小指に潤滑剤を塗って、パートナーの肛門にあてます。クンニリングスを始めるときには、まだ挿入しません。しばらくしてだいじょうぶだと思ったら、小指をスムーズに滑りこませます。絶対に爪の手入れを怠ってはいけません。また、肛門に入れた指（あるいはほかのもの）を膣に挿入するときは、感染を防

ぐために、かならず温かい石鹸水で洗ってからにしましょう。

　はじめてのときには、まず10〜15分ほど口でクリトリスを愛撫し、さらに10〜15分、指で膣を刺激します（クライマックスは待たせてください）。それから指を抜いて、オルガスムに導きます。彼女がオルガスムを感じはじめたら、次のようにしましょう。薬指を折りまげて、てのひらを横に向けます。ひとさし指と中指を膣に挿入すると同時に、小指を肛門にさしこみます。ゆっくり、一定の速さでためらわずに、限界まで挿入します。彼女があなたの口でイッているあいだ、手をそのままにして満たしてあげてください。

アヌスを攻めていいかどうか迷ったときは、パートナーに尋ねましょう。ふつう、潤滑剤と小指を使えば汚れませんが、最初に肛門を洗浄したいと言うかもしれません。

より激しいプレイを好む場合は、彼女がイクあいだ、あるいはその前から、ひとさし指、中指、小指でペニスのようにピストン運動をしたり、左右にすばやく激しく動かします。

もうひとつの方法は、クライマックスのかなり前から、3本の指を（前述のとおりに）挿入し、指で彼女を悦ばせると同時に、舌を使ってオルガスムに導きます。そして、指を抜く、左右に動かす、出し入れするのなかから、彼女のもっとも好きなテクニックを使います。

　指や舌を動かすときには、パートナーの好み——そっと触れるだけ、やさしく撫でる、あるいは激しく動かす——を理解するよう心がけてください。まず軽く始めて、彼女の気に入る強さが見つかるまで、だんだんに力を加えます。わからないときは、「これはどう？」とか「強すぎる？」、「もっと弱く？」などと尋ねてみましょう。

74

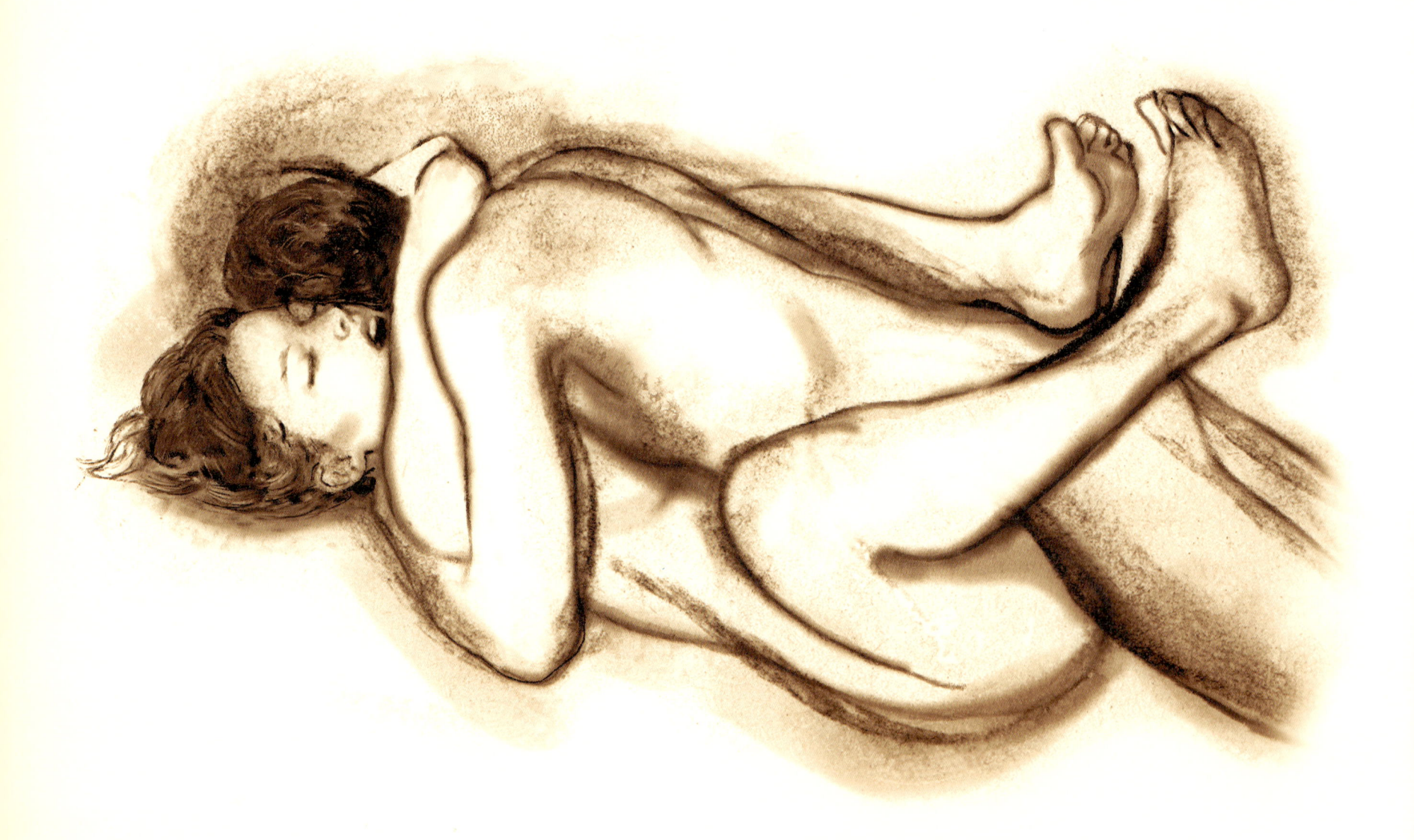

Entering after Oral Sex
オーラルセックス後に挿入する

　女性は、オルガスムに達しているあいだ、またはその直後に挿入を望むこともあれば、しばらく休みたい場合もあります。どちらにしろ、オーラルセックスをたっぷり味わったあとの挿入は、なしのときに比べて、興奮の度合いが格段にちがいます。

　コンドームを使う場合は（結婚しているカップル以外は使いましょう）、クンニリングスが終わってからつけることをおすすめします。コンドームは、乾いてしまうと不快感が生じます。

　男性は、以下をよく読んでください。

　あなたの口でオルガスムに達したあと、女性は、抱きしめられたまま激しいセックスを求めるかもしれません。挿入されるペニスの感触と、パートナーの身体の重さを感じたいのです。このとき、Gスポットは熱く充血しているので、ペニスで刺激を与えつづけましょう。

おすすめの体位

1. 正常位ですが、男性は女性のお尻の下に手を入れて持ち上げ、ペニスの先でGスポットをこすります。

2. 女性は仰向けになって両脚を上げます。男性は脚を持ち、ペニスでGスポットを刺激しながら激しく突きます。

3．女性は左側を下にして寝ます。男性はひざまずき、彼女の右膝をまげて持ち上げます。自分の右脚が恥丘に軽く触れるような角度で、ペニスを横から深く挿入します——陰唇からGスポット、さらに奥まで貫きます。そして、しっかり挿入したままペニスを上下に動かします。これは女性にとっては左右の動きとなり、かなり興奮するはずです。

Caressing Her Breasts, Nipples, Etc.
乳房や乳首を愛撫する

　これまで説明した行為に、乳房や乳首への愛撫を加えると、さらに刺激が高まります——女性は新たな興奮に目覚めるでしょう。親指とひとさし指で乳首を転がします。乳房は軽く揉み上げます。あまり力を入れすぎず、パートナーの好みに合わせてください。舌でクリトリスを刺激しながら乳首に軽く触れると、女性は天にも昇る心地です。

男性の方へ：クンニリングスをしながら、指で彼女の顔や口にさわります。女性は、とくにもう片方の手が膣に挿入されているときは、指をしゃぶりたがるかもしれません。

　クンニリングスのときに、左右のヒップをわずかに引き離すようにすると、身体がひらいて、女性は挿入に備えられます。

　男性は、どうしたらパートナーが悦ぶかをかならず見てください。どのテクニックを使うときにも、「これは感じるか？」と考えることが必要です。女性は「いいわ」、「いや」、「もっとやさしく（強く）して」などと、言葉や身体で応えるでしょう。

Repeated or Sustained Oral Orgasms
口によるオルガスム
―――何度も、あるいはずっと持続させる

　はじめてパートナーの口でクライマックスを迎えると、女性はあまりの快感に、すぐには何もできません。回を重ねるうちに、何度でもイケるようになります。男性は、彼女がオルガスムに達したら舌の力を弱め、しばらくのあいだ、ゆっくりとやさしく愛撫します。クリトリスに直接触れるのは避けたほうがいいでしょう。

　男性の方へ：このとき、クリトリスに触れずに、舌でまわりに円を描くようにします。陰唇を吸って、舐めてみましょう。できれば、クリトリスに唇をあてたまま目を見て、あなたが彼女のためにそこにいることを示します。ゆっくり、やさしく、彼女の自然に溢れ

でる潤滑液をたっぷり使って、舌でクリトリスに円を描きはじめます。そっと触れるだけにしておきましょう。

　しばらく、唇や口で刺激しないほうがいいかもしれません。その場合は、舌を少し出してクリトリスに触れたまま、彼女の呼吸が整うのを待ちます。

Turbo Tongue
絶倫舌

オーラルセックスで、このテクニックがもっとも刺激的だと感じる女性もいます。これを使うには、男性は次のようにします。

両手のてのひらを女性の太ももの内側に置き、陰唇をそっと押しひらきます。クリトリスのまわりに口をあて、ひっぱるように吸います。顔は彼女の身体に触れません。

次に、クリトリスに舌で円や8の字を描き、左右に舐めます。このとき、クリトリスは吸ったままです。コツは、痛みを与えずにクリトリス全体をひっぱることと、呼吸をしながら、吸う動作と舌を動かすのを同時に行なうことです。

Man Inside
挿入

　セックスに関する情報は溢れているので、いまさら説明の必要はないでしょう。ここでは、とくに人気のある体位をいくつか紹介します。

　もっとも大切なのは、女性一人ひとりによって好みがあるということです。これは年とともに、あるいは日によって変わる場合もあります。

　男性は縦の動き、つまり入れて抜くというように考えがちです。女性は、回転する円の動きとして感じます。ペニスをそのまま膣に入れて抜く方法でも、お互いに満足できますが、弧や円のような動きと組み合わせると、ずっと気持ちよくなります。

The Favorite Way
人気の体位

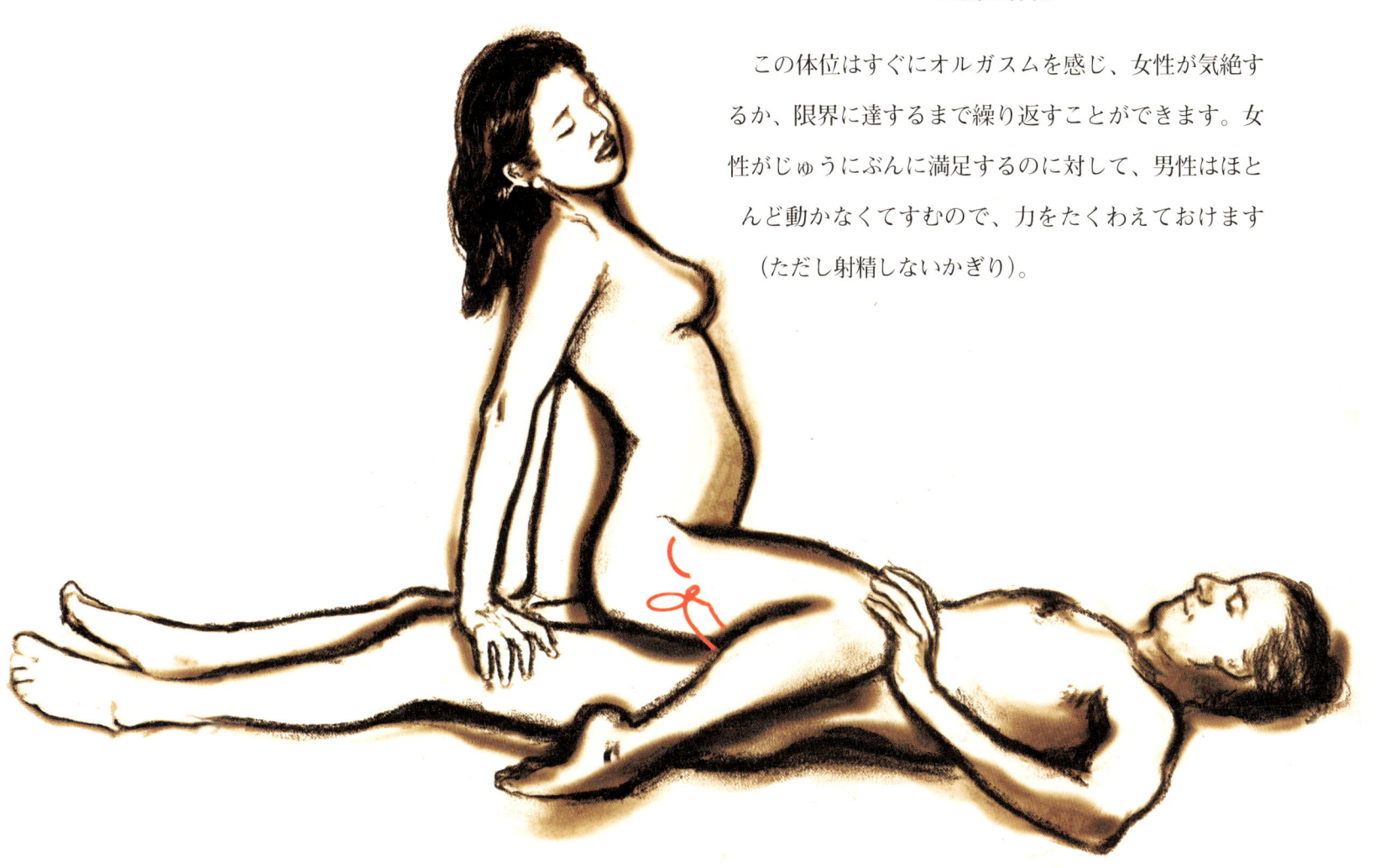

この体位はすぐにオルガスムを感じ、女性が気絶するか、限界に達するまで繰り返すことができます。女性がじゅうにぶんに満足するのに対して、男性はほとんど動かなくてすむので、力をたくわえておけます（ただし射精しないかぎり）。

男性は仰向けになります。女性はその上にまたがり、ペニスを陰唇にあてがいますが、膣の奥には入れません。男性は、ペニスを足のほうに向けます。女性はマットレスに両手をついて、腕で体重を支えます。身体が前後に動くようにしてください。動くときには、膝を前後に動かします。イメージとしては、女性が後ろに動くと、ペニスがクリトリスをこすりながら抜け、前に動くとふたたび膣に入るという感じです。

　男性はピストン運動をしているつもりでも、女性はペニスが弧を描いているように感じます。

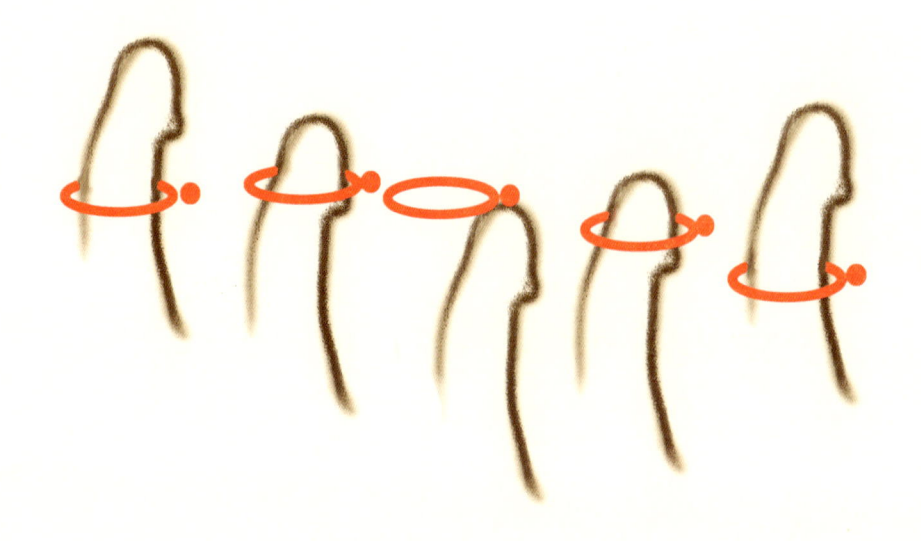

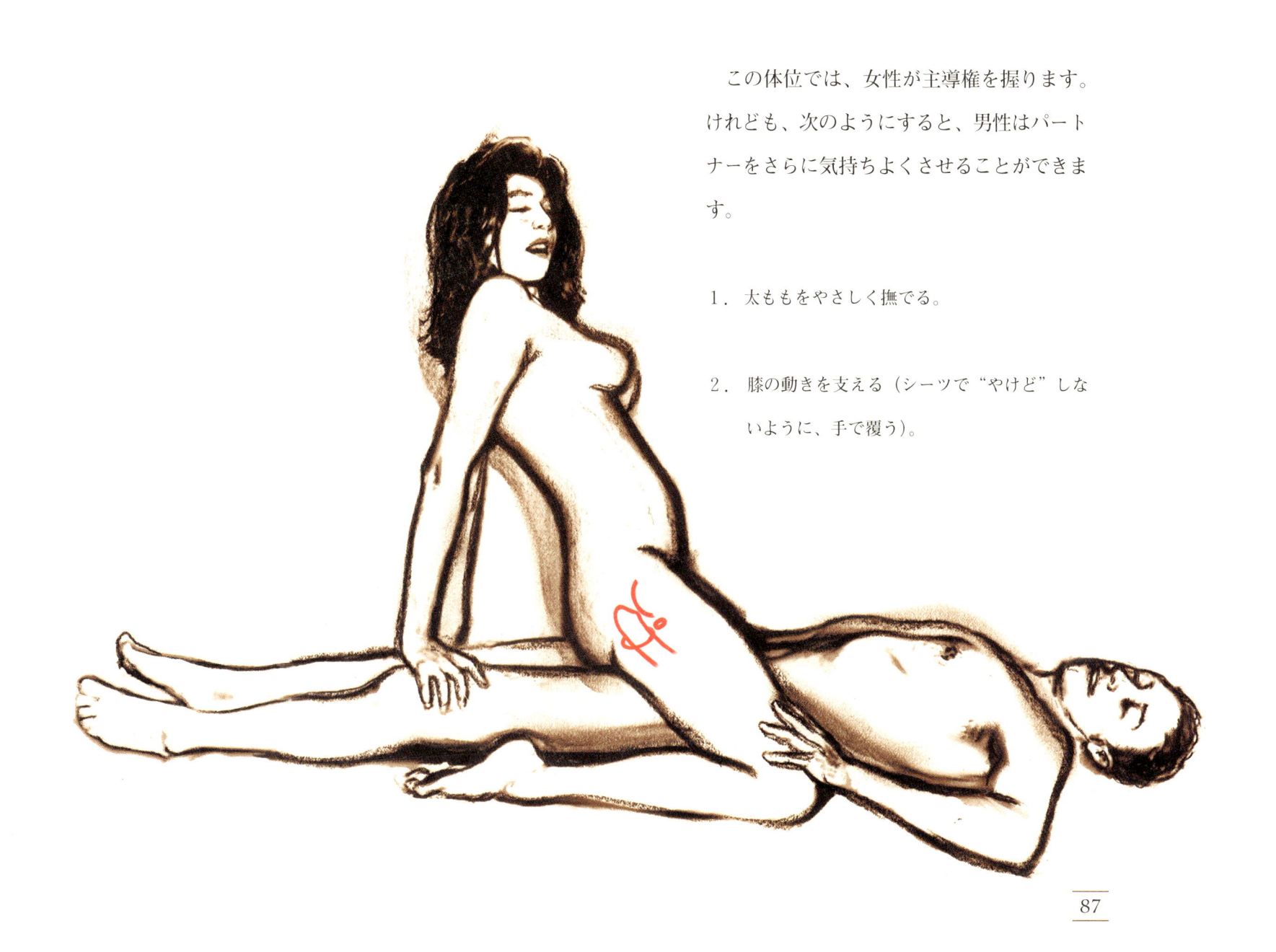

この体位では、女性が主導権を握ります。けれども、次のようにすると、男性はパートナーをさらに気持ちよくさせることができます。

1．太ももをやさしく撫でる。

2．膝の動きを支える（シーツで"やけど"しないように、手で覆う）。

3．（潤滑剤をたっぷり塗った）親指でクリトリスにさわり、左右または円を描くように動かす。

4．乳首（強さは彼女に尋ねる）、乳房をさわったり揉んだりする。

5．お尻に両手をあて、女性が前に動くのを支える（ただし後ろに動けるように——男性はペニスを挿入して、女性を前かがみに固定したくなります）。女性は、ペニスが一部しか挿入されていなくても、じゅうぶんオルガスムに達します。いっぽう男性は、女性が下腹部を突き出して沈めた状態で、ペニスが完全に挿入されるのを好みます。

　お互いが楽しむために、まず女性がオルガスムを感じるまで好きなように動き、そのあとで前かがみになって沈み、ペニスを深く入れましょう。

男性は、コントロールしようと思わないでください。女性に自由に動いてもらい、それに合わせます。これは、女性が経験し、切りひらくための体位です。自分のリズムを見つけ、動きながら男性をリードできるのです。ペニスが入ったままのけぞる姿勢に、もっとも快感を覚えるかもしれません。

　この方法では、ペニスを奥まで挿入しなくても、女性をオルガスムに導けます。いつも浅く入れておくのがいいでしょう。

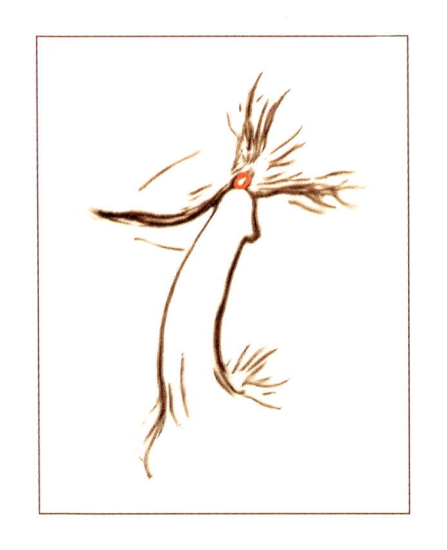

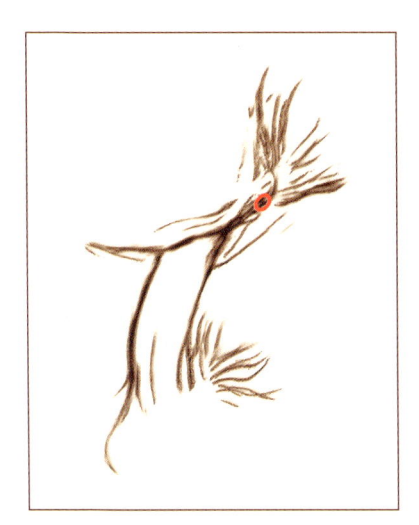

Staying In and Moving
挿入したまま動く

　男性が上になって奥まで挿入すると、女性はクリトリスに圧力を感じます。男性は、完全に挿入したまま、パートナーのお尻を両手で支えます。首や乳房などを押しつぶさないよう、彼女の肩に枕をあてたほうがいいかもしれません。

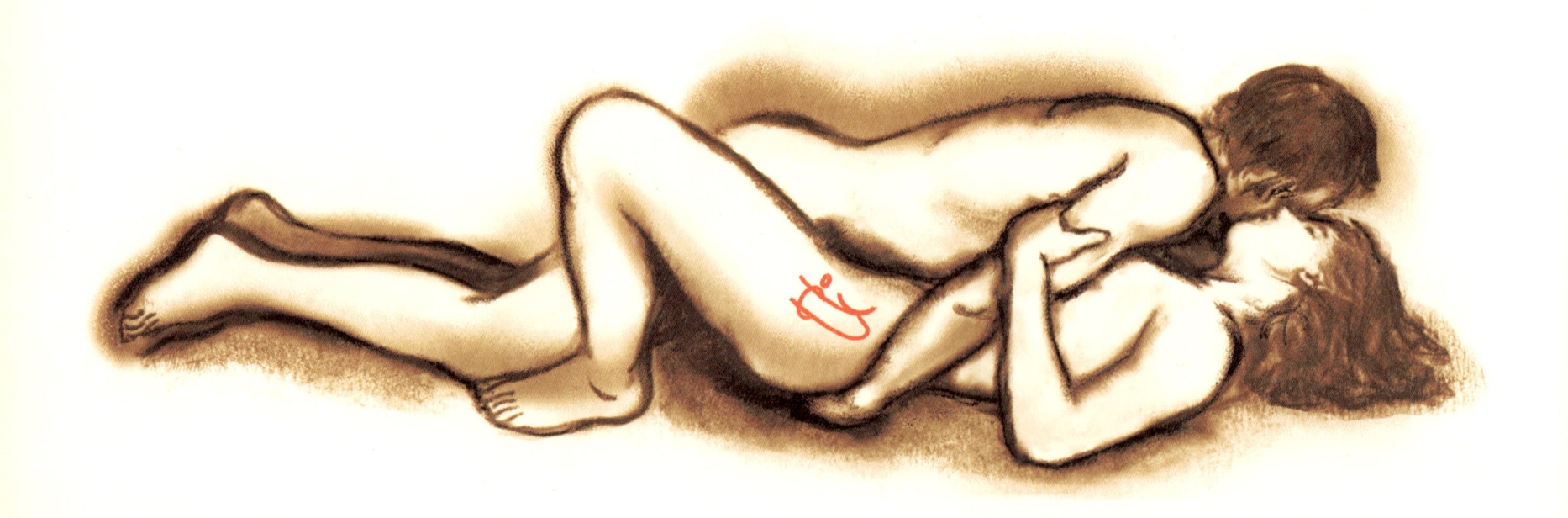

男性は、自分の腰と彼女のお尻を動かしながら、ペニスの先で上下、または左右に弧を描くようにします。両方を組み合わせるのがお勧めです。そのあいだ、クリトリスに性器を押しつけます。そうすると、女性は膣で弧の動きをじっくりと味わいながら、クリトリスを上下や左右にかきまわされる運動を感じてこのうえなく満たされるのです。

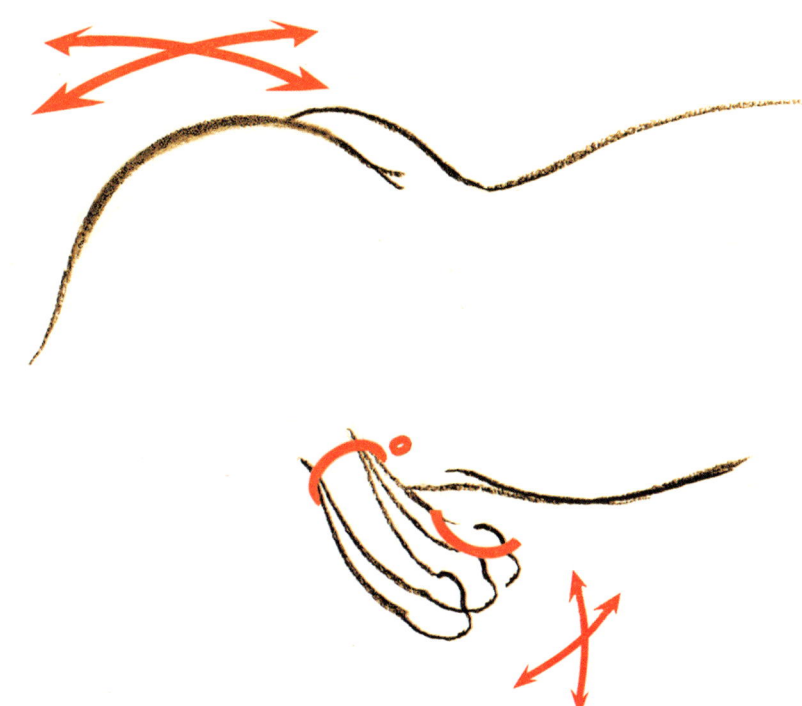

これにはさまざまなバリエーションがあります。ピストン運動を行なわずにお互いの身体を密着させると、たっぷり濡れて熱くなり、あとからピストン運動を開始したときに、たまらなく興奮します。

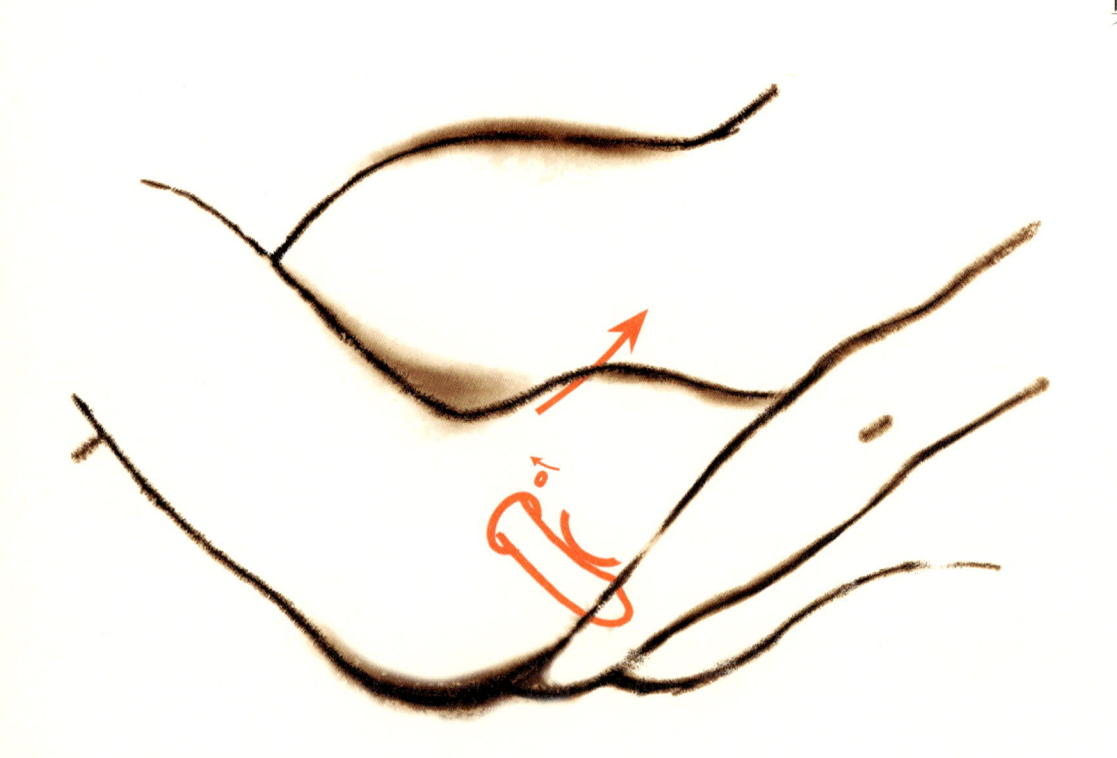

男性が下腹部を突き上げるようにすると、クリトリスが現われます。こうすれば、性器同士が激しくこすれ合います。

女性がアヌスへの刺激を求めたら、男性は潤滑剤をたっぷり塗った指（爪を切った小指）を肛門にさしこみます。ペニスは完全に挿入したままで、ピストン運動は行ないません。男性が左右、または上下に（深く挿入しながら）動くと、女性は格別に"満たされ"た心地になります。彼女がオルガスムを感じはじめたら、肛門に入れた指を小刻みに動かしましょう。

　女性の方へ：これが気に入ったかどうか、パートナーに伝えてください——すべてはあなたの好み次第です。

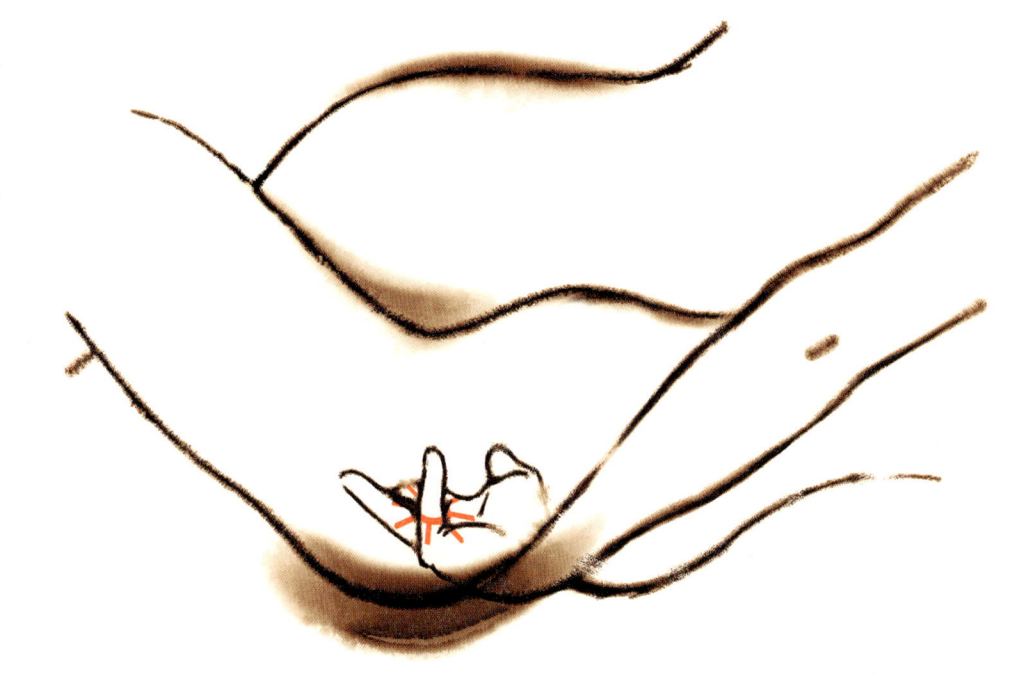

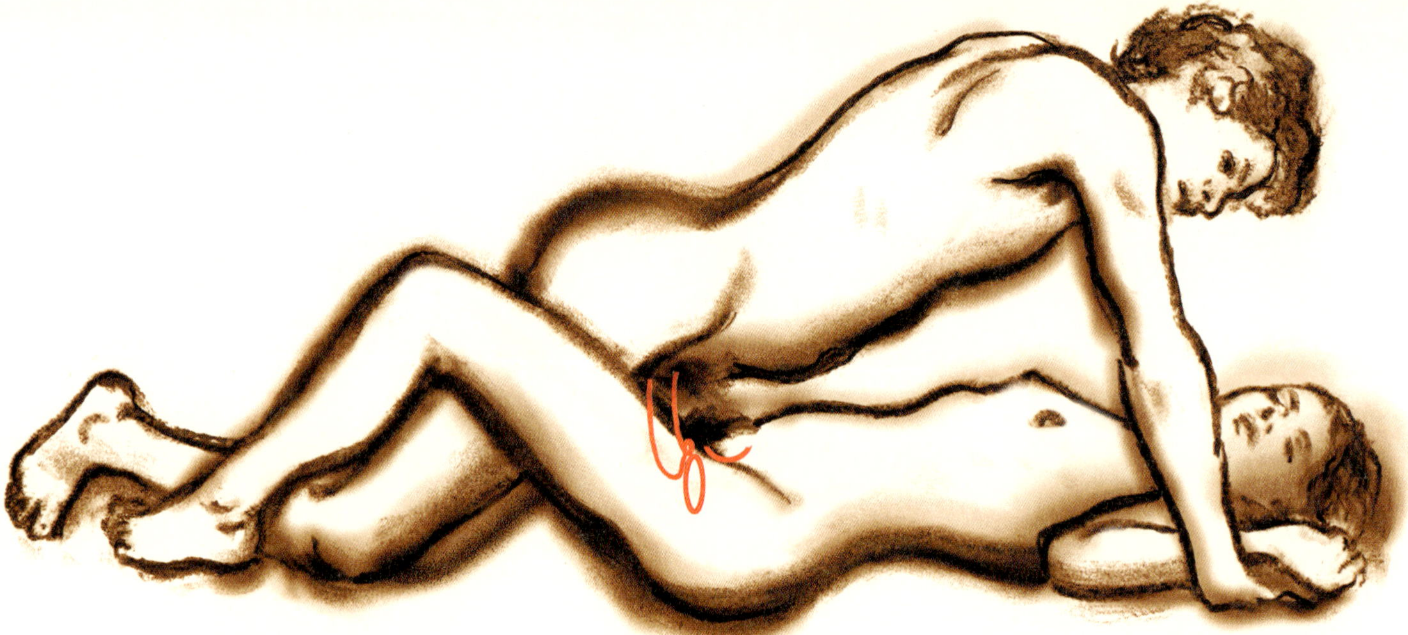

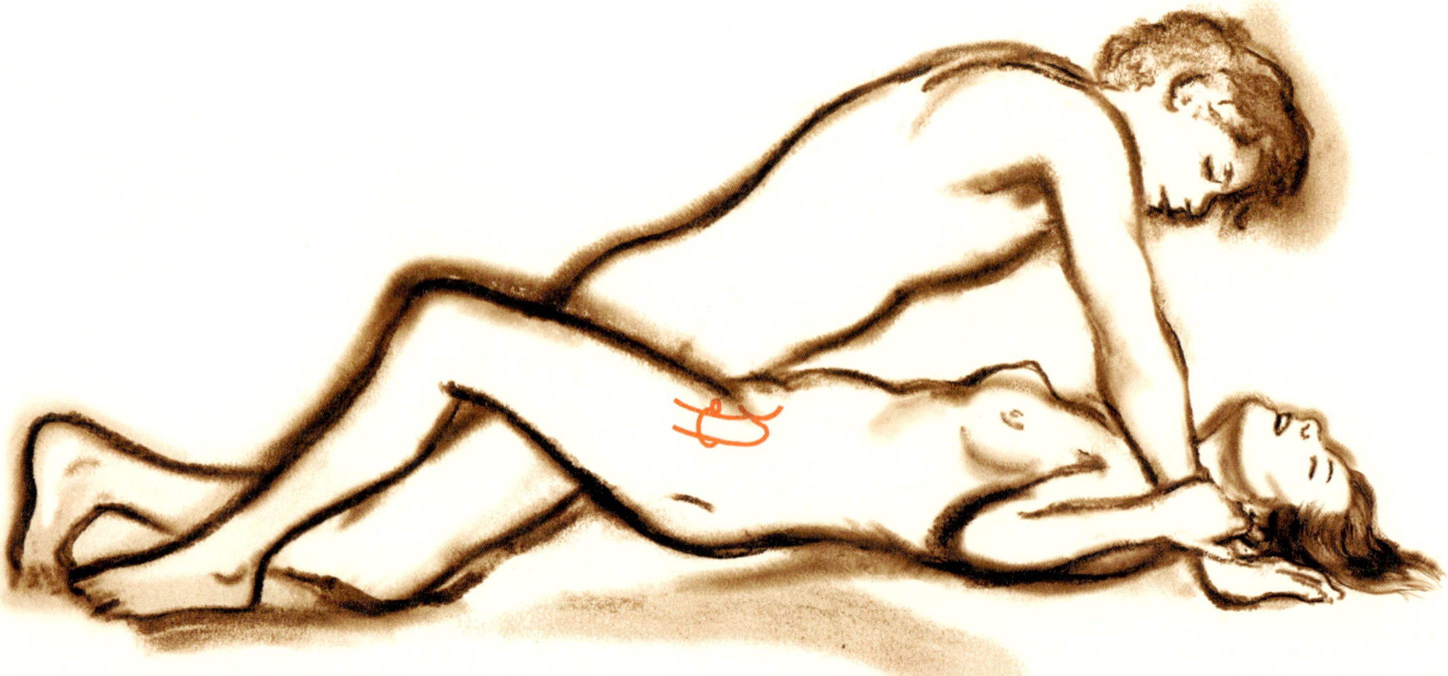

Touching the Clit with the Penis
ペニスでクリトリスに触れる

　男性が上になり、腕で体重を支えます。女性は脚をひらきます。ペニスを抜くときに、先端でクリトリスに触れます。このとき、ペニスはマットレスのほうに向いています。男性は前かがみになって、腰を浮かしてください。ペニスでクリトリスをこすったら、先端を陰唇のあいだにあてがい、上に向けながら、できるだけGスポットを撫でるように挿入します。性器を押しつけたまま、膣のなかで上下左右に動き、また抜いて、ペニスを下に向けて先でクリトリスをこすります。

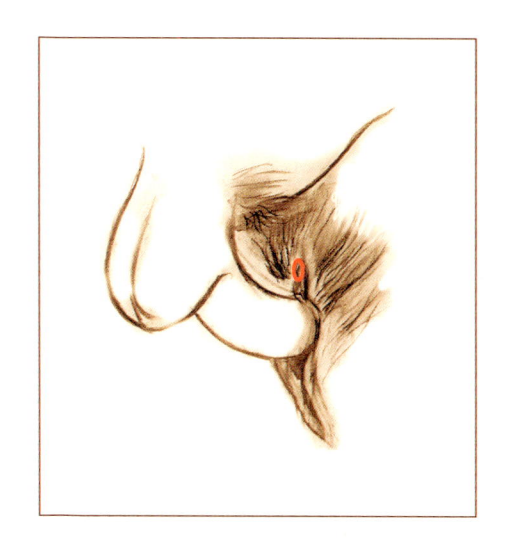

96

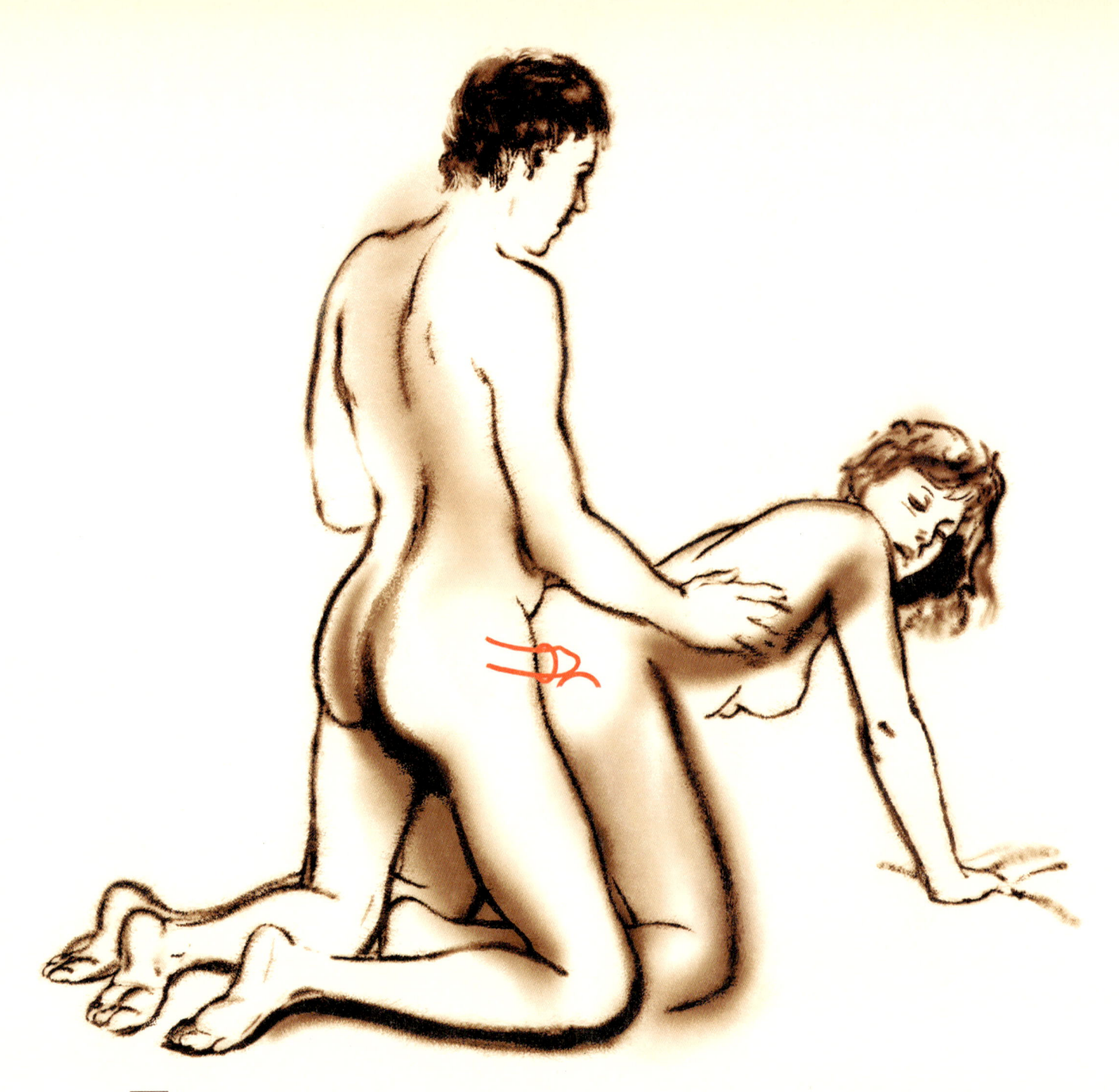

Rear Entry
with Him Not Moving
男性が動かない後背位

　男性はベッドにひざまずきます。女性は四つんばいになるか、ひざまずいて両腕で頭板につかまります。ペニスの先端を膣に挿入します。男性はじっとしたまま、女性が好きな方向に動きます——左右、上下、ピストン運動など何でもかまいません。女性は手をまわして、男性に動くよう求めてもいいでしょう。この体位では見つめ合うことができないため、言葉でのコミュニケーションが大切です。彼女の声を聞いてください。なかには、後背位で痛みを感じるのが不安な女性もいます。この方法だと、挿入の角度、深さ、スピード、力を女性が決めるので、不安はありません。男性は、強く突きすぎて（苦痛を与えることがあります）、女性の信頼を裏切らないようにしましょう。

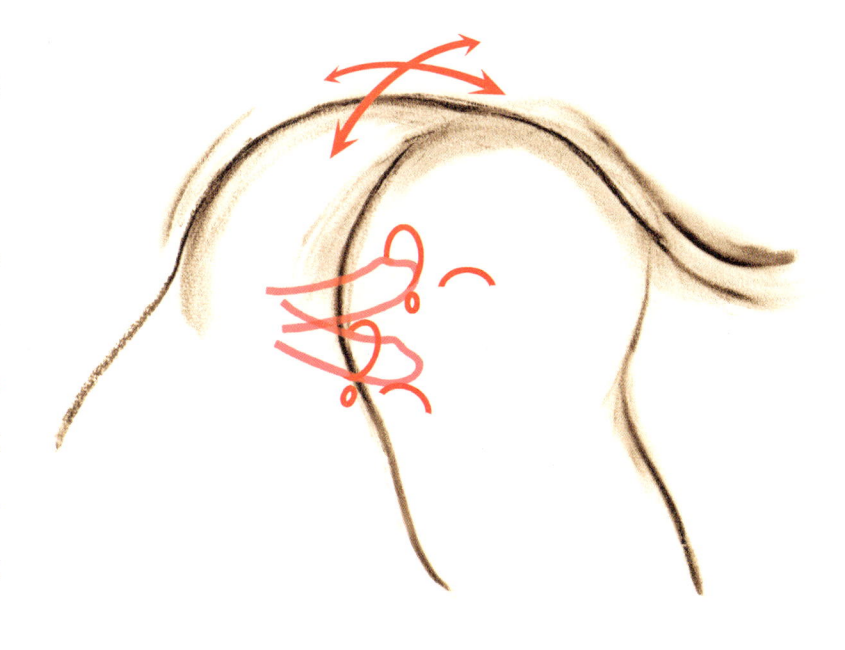

98

Woman on Top, G-Spot Stroking
騎乗位でGスポットを刺激する

　女性が上になり、ペニスが膣の上部のGスポット付近に触れるように、前にかがみます。ペニスは男性のあごのほうに向いています。女性は腰を前後にまわし、ペニスの先端でGスポットを撫でるようにします。これは、この体勢でGスポットにあたるときだけ効果があります。女性は上に向けて腰を突き出し、ペニスの先端を好きな部分にこすりつけます。

　男性は、女性のお尻をつかんで、前後に動くのを支えてもいいでしょう。女性が突くときに、乳首をさわったり握ったりすると、興奮をより刺激します。

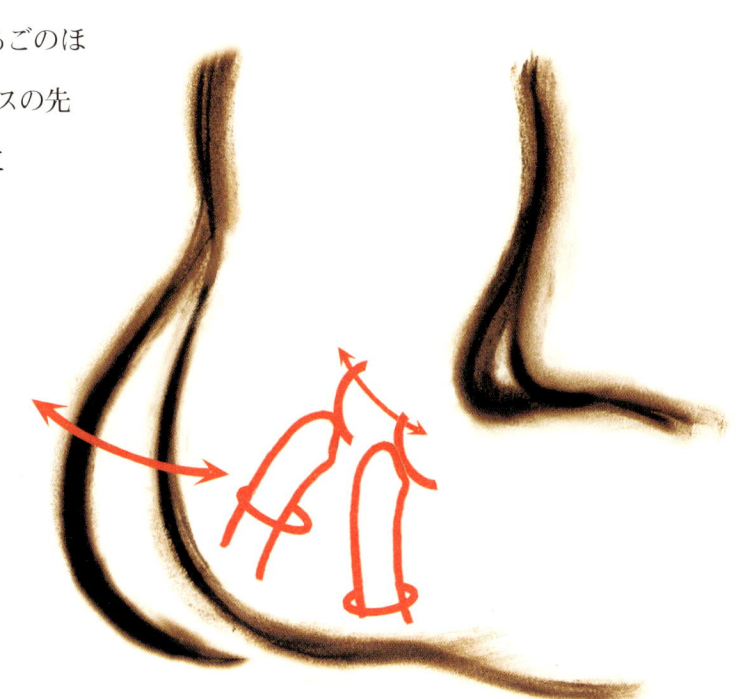

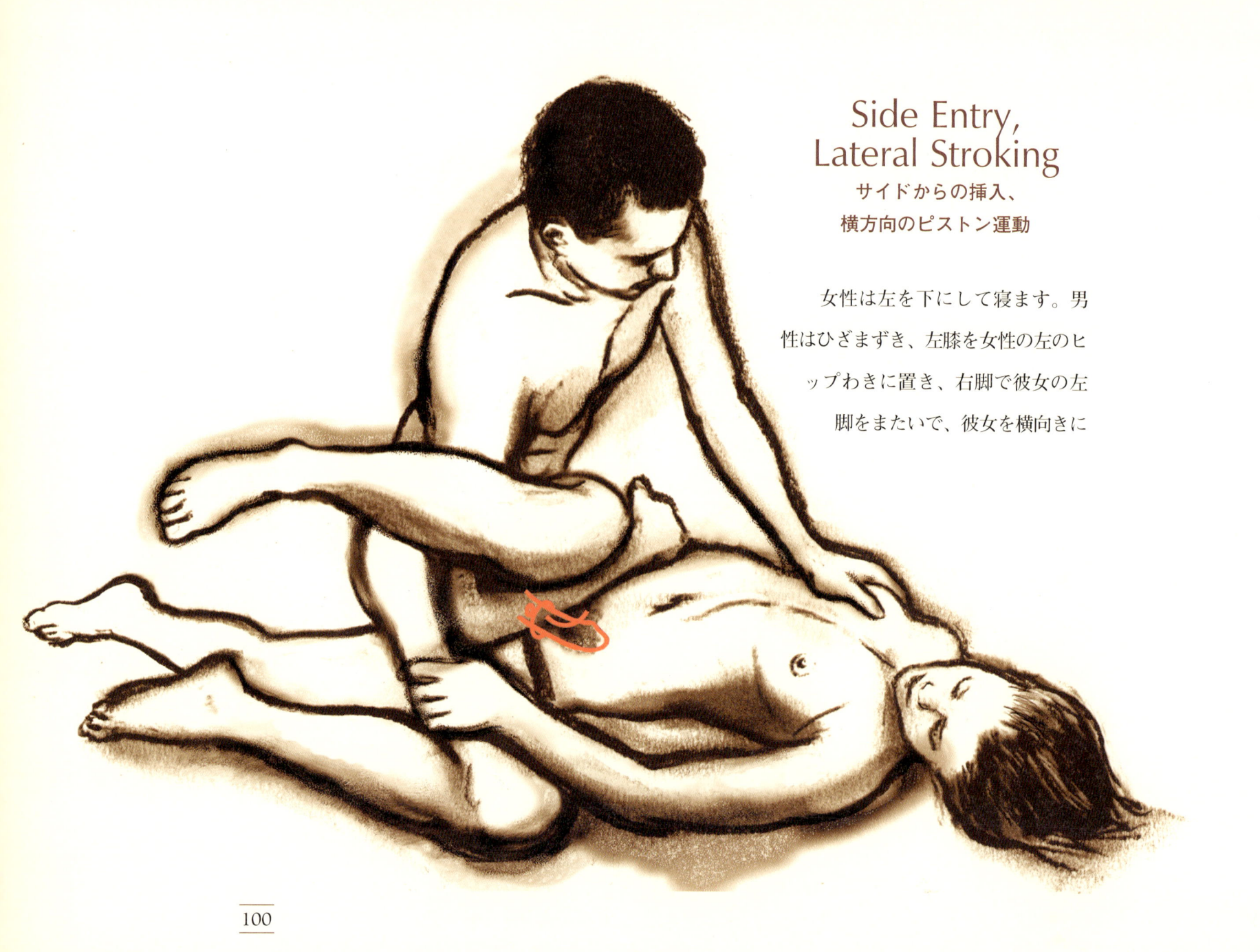

Side Entry, Lateral Stroking
サイドからの挿入、
横方向のピストン運動

女性は左を下にして寝ます。男性はひざまずき、左膝を女性の左のヒップわきに置き、右脚で彼女の左脚をまたいで、彼女を横向きに

したまま深く挿入します。ペニス先端の右側で、膣上部のGスポットから、できれば子宮頸管までこすります。腰を突き出し、最大限に挿入して弧を描きます。

　女性の右脚を少し持ち上げると楽になります。この方法では、男性の手がクリトリスに届きにくいので、女性みずから刺激してもいいでしょう。男性は、彼女の右肩を押さえたり、乳首を愛撫したりできます。あるいは、指をしゃぶらせてもかまいません。思いつくかぎり、あらゆることを楽しみましょう。

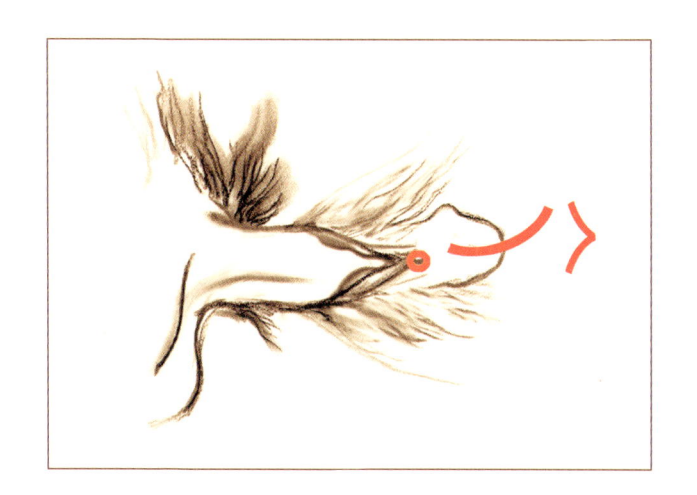

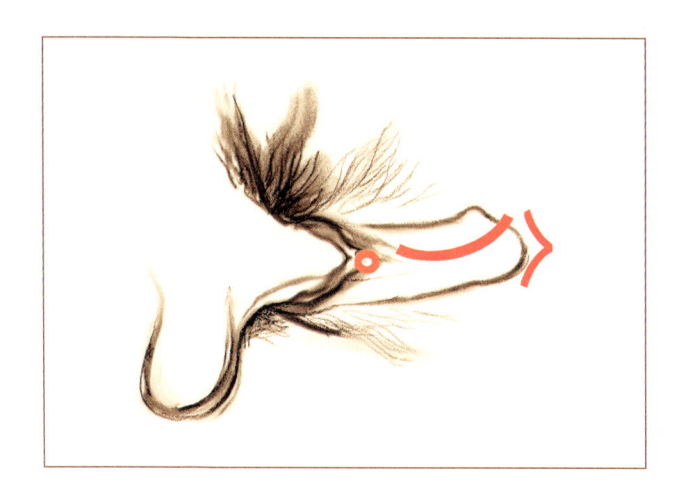

102

Ultra-Fast G-Spot Massage
超快速Gスポットマッサージ

　男性は女性の脚のあいだにひざまずき、ペニスを挿入して上に向けます。女性は仰向けで、膝をまげて脚をひらき、男性が突きやすいようにします。男性は両腕で軽く身体を支え、手はベッドか乳房の上に置きます。奥まで挿入せずに、短く速く突いてください。目的は、亀頭で膣入口の上部をすばやくこすることです。身体が揺れるほど激しくは突きません。したがって、ペニスは数センチだけ、Gスポット部分を前後に速く動きます。この方法では、力はあまり必要ありません。とても簡単なので、長時間つづけることもできます。

非常に敏感な部分を長く刺激されると、女性は燃え上がります。通常の挿入ではこの部分に触れることがないので、これほど興奮することはありません。また、男性もオルガスムに達しやすくなります。動くのはもっぱら男性で、パートナーの顔、髪、乳房、ウエスト、性器、太ももなど、あらゆる部分が見えるからです。クライマックスの直前や最中には、見つめ合いましょう。

105

106

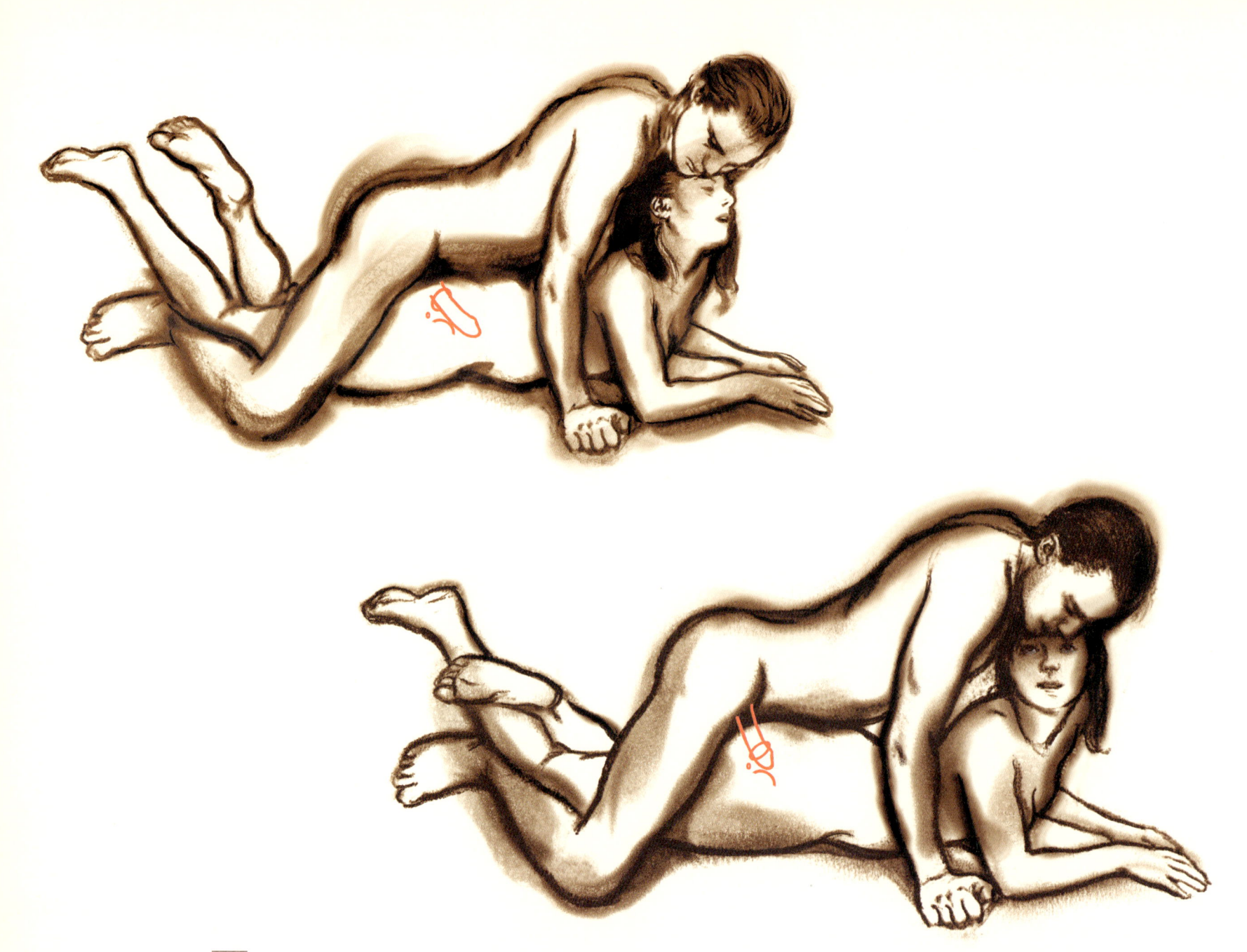

Rear Entry, Riding High
馬乗りでバックから挿入する

　女性はうつ伏せになり、男性はその上に乗ります。脚を女性の外側に出し、両腕をベッドにつきます。完全に挿入します。ペニスを抜くときに、身体を前に動かして、亀頭で上からGスポットを刺激します。奥まで挿入しなくてもGスポットをこすれますが、その場合は、ペニスをまっすぐではなく下に向けて、前後に数センチ動かしてください。

　女性がお尻を突き上げ、前後に揺らしてピストン運動を助けると、男性は動きやすくなります。そうすると、彼女の背に"馬乗り"になってじゅうぶんに挿入し、ペニスの先端で子宮頸管に触れる（近づく）ことができます。女性の好みによっては、ふたりで左右に動いてもいいでしょう。男性は、激しく、あるいは深く突きすぎて痛みを与えないよう注意します。最初はやさしく慎重に始めて、限界を確かめてください。

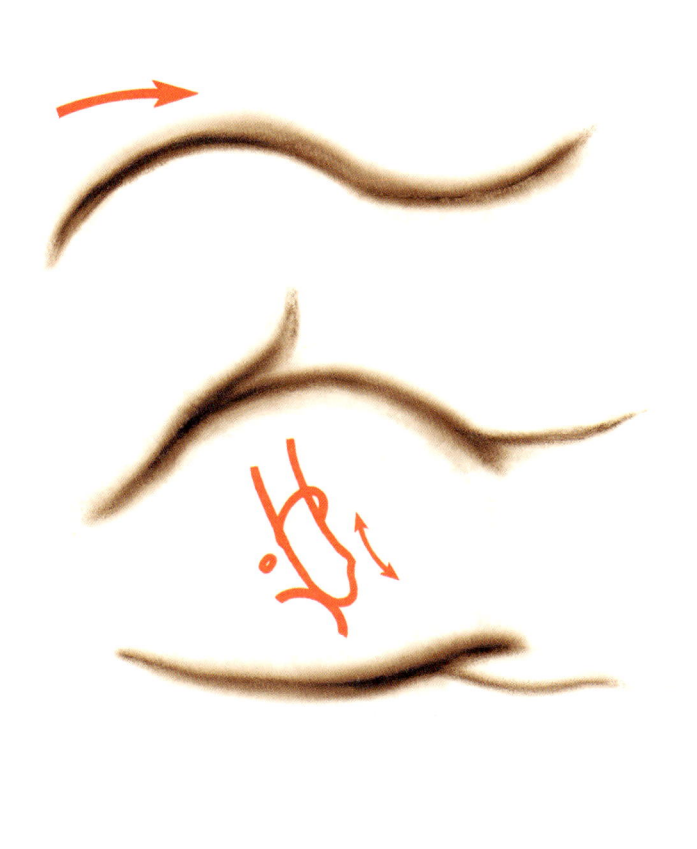

108

Head at the Lips
亀頭を陰唇にあてる

　女性は仰向けになり、脚を大きく広げます。男性は脚のあいだにひざまずき、亀頭が少し陰唇に隠れる深さにペニスを挿入します。男性は動かずに女性に任せ、亀頭が触れるだけの状態から部分的にはいるまでの動きを繰り返します。女性がヒップをベッドに押しつけると、クリトリスにペニスが触れます。両脚でふんばって、男性のほうに腰を突き上げると、ペニスはさらに奥まで入ります。

　この体位では、男性はペニスのことを考えてはいけません。男というのは、本能的に力のかぎり突きたくなるものですが、これはそういう種類のセックスではありません。女性の好きなようにするのです。女性はクライマックスを迎えたら、男性がオルガスムに達するよう、自由に動いてもらいましょう。

Her Legs by Her Head
脚を頭上に上げる

女性の身体がやわらかければ、仰向けになって、両脚を肩のほうに上げてみましょう。こうすると、男性は膣のなかで驚くほど自由に動けます。

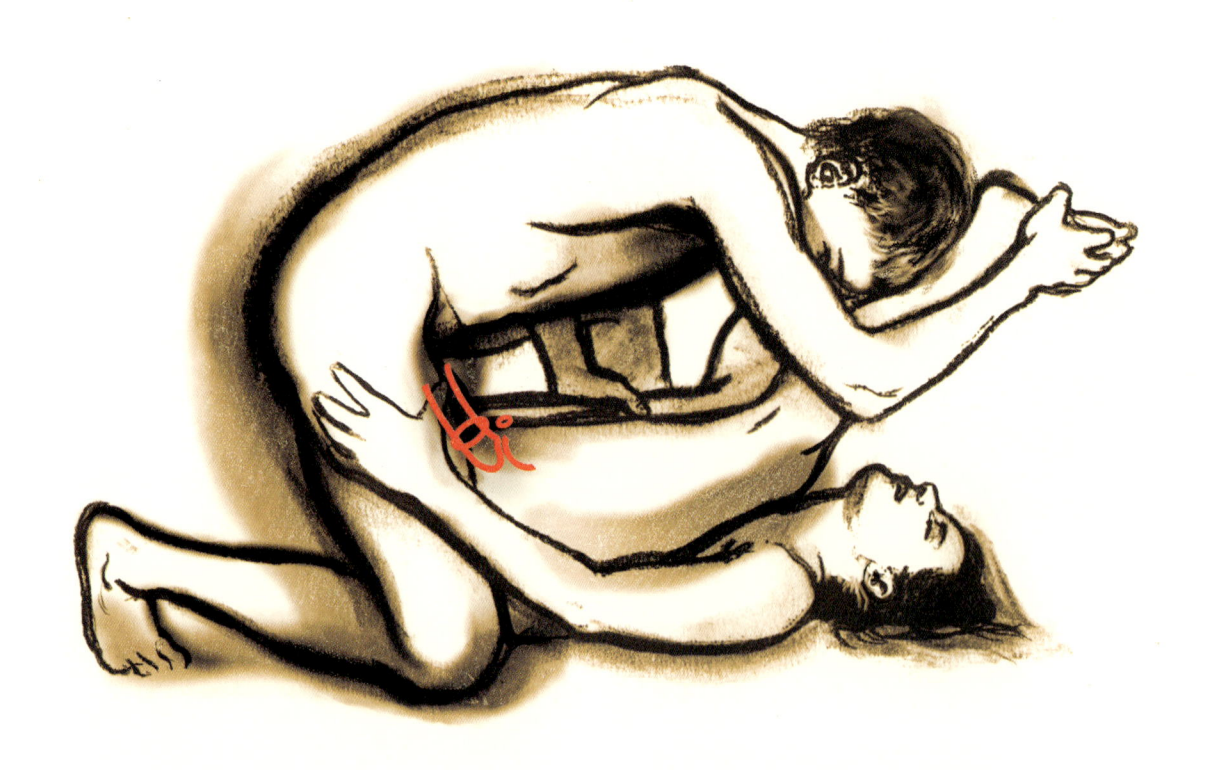

男性は、上下、左右、円の動きが簡単にできます。この体位は男性にとってこのうえなく刺激的ですが、女性が苦痛を感じるようでしたらやめましょう。

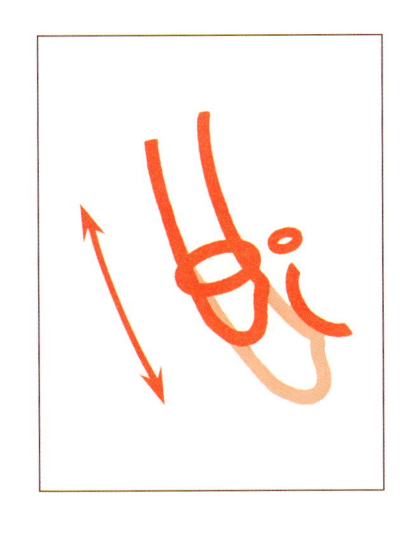

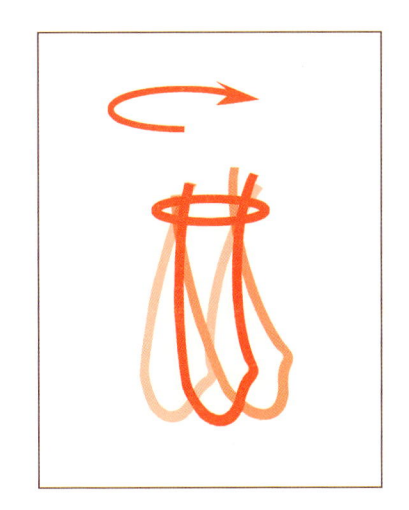

　男性は、パートナーの足首（またはふくらはぎ、太もも）をもって、脚を突き上げるのを支えるか、もしできればさらに後ろにまげてもいいでしょう。

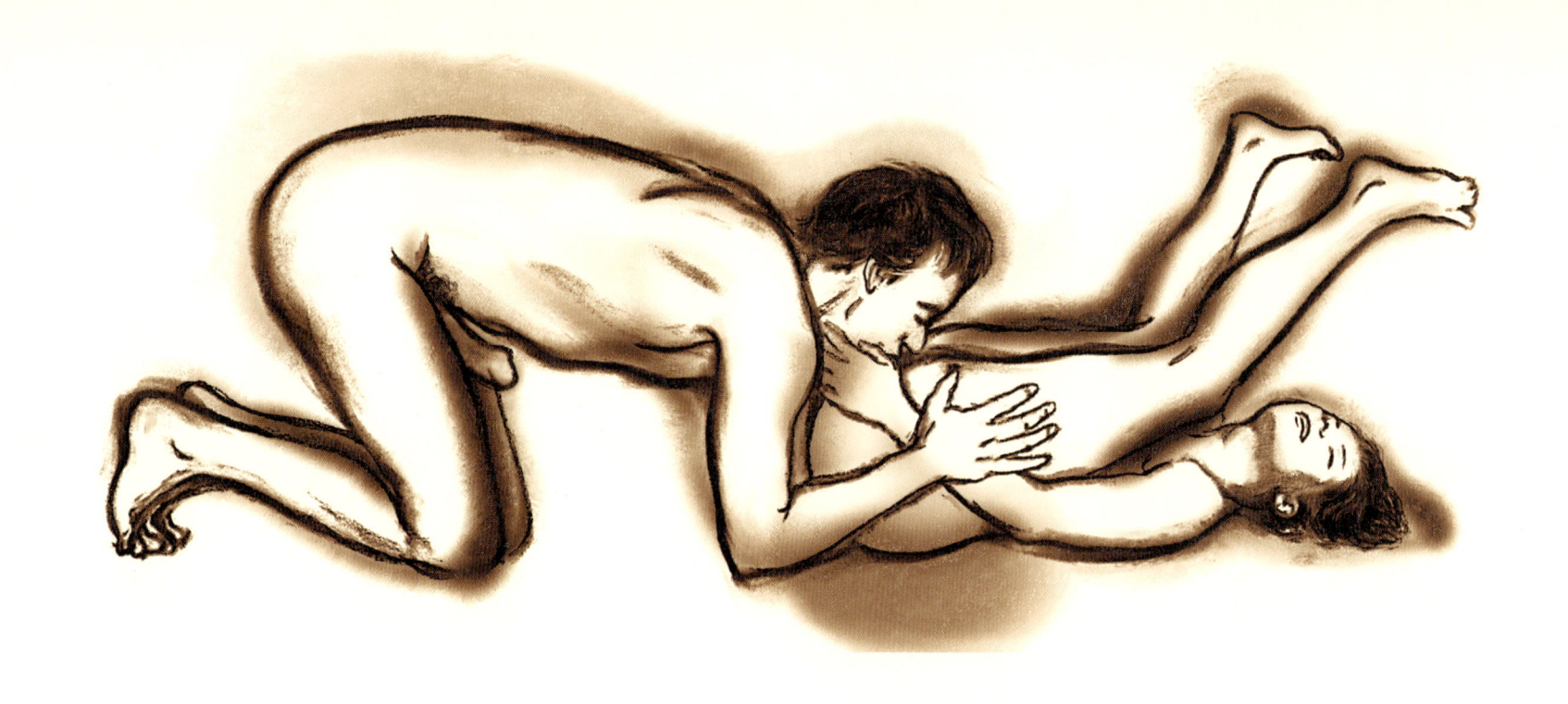

だんぜんおすすめなのは、男性が自由に動いたあと、ペニスを抜いて、すぐにクリトリスを吸うやり方です（前の章を参照）。そして、彼女の興奮が高まるか、あるいは一度か二度オルガスムに達したら、ふたたび挿入します。ポイントは、すばやくスムーズに動くことです。

　この体位での挿入は、クリトリスは刺激されません。したがって、ふいをつくことで驚くような効果があるはずです。この姿勢だと男性は挿入からクンニリングス、そしてまた挿入へと簡単に移れます。

She Watches, He Doesn't
見る女性、見ない男性

女性はカウチやソファにすわって、官能的な映画を見ます。男性はそっとクンニリングスをします。そのため女性は興奮しますが、なかなかクライマックスに達しません。オルガスムを感じはじめたら、男性はクリトリスを強く吸います（オーラルセックスの説明を参照）。

これはいっときの楽しみで、長くつづけるほどの魅力はありません。遊びのような感覚で瞬間的に盛り上がるためのものです。

She Lies on Top
女性上位

　男性は仰向けになります。女性はその上にうつ伏せになり、脚をまっすぐのばします。ひらいてもかまいません。ペニスを浅く挿入します。女性は、亀頭がクリトリスに触れるようにヒップを上げ、それから沈めて前にまわし、ペニスを入れます。その際、腹筋と背筋を使って腰をできるだけ後ろ（ヒップを上げる）から前（ヒップを下げて前に出す）にまわします。イラストを見ると、どのように円運動が行なわれているかがわかります。女性はたまらなく性欲をそそられます。

　この体位は、お互いの身体がぴったりくっつきます。相手の髪や身体のにおいを感じるので、入浴の直後をおすすめします。男性はパートナーを抱きしめたり（動きを妨げない程度に）、髪を撫でたり、顔や目、唇にキスをしましょう。

　この体位では、女性は何度もオルガスムに達することができます。クラ

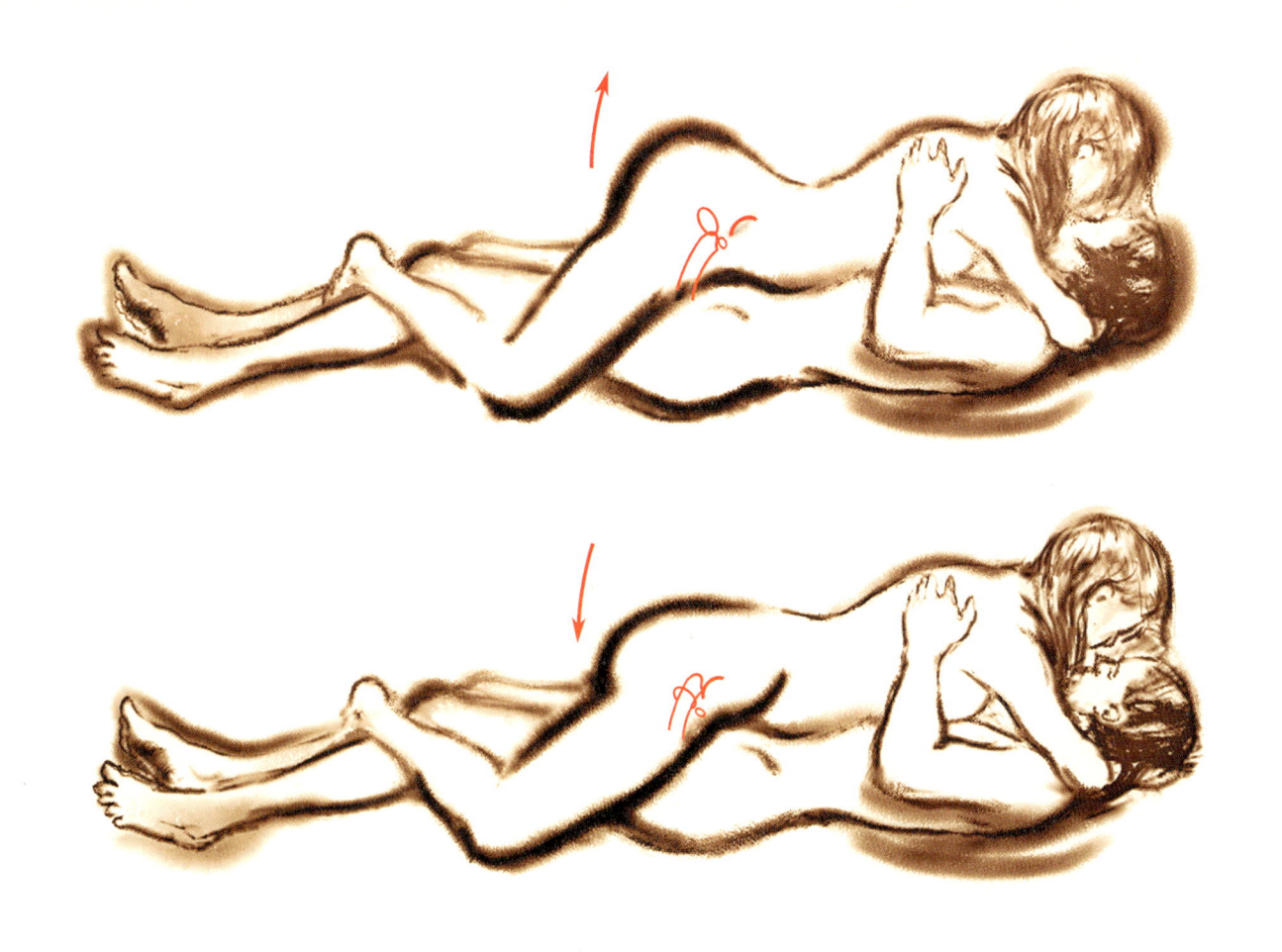

イマックスのあとで彼女が休みたい場合には、男性はそのまましばらく横になっていてください。ペニスが縮んでしまったら、女性は硬くしてあげましょう。そしてもう一度、愛し合います。

Viagra
バイアグラ

　バイアグラはそもそも性機能不全の治療薬ですが、正常に機能する男性をより硬く、より長く勃起させる効能もあります。それによって、男性も女性も大いに楽しむことができます。

　処方に際しては医師に相談し、適切な服用量を尋ねてください。バイアグラは、すべての男性に適しているわけではありません（硝酸剤を服用している場合は危険です）。健康についてのあらゆる問題、日ごろ服用しているすべての薬（処方箋の有無にかかわらず）をかならず医師に伝えましょう。通常はとくに問題ありませんが、頭痛、胃の不調、視力障害などの軽い副作用が起こることもあります。少しでも身体に変調をきたしたら、医師に報告しましょう。副作用を抑えるために、服用量を変更するかもしれません。服用中に胸の痛み、めまい、息切れを感じたら、服用を中止して、すぐに診察を受けてください。

かならずしも１錠まるごと飲む必要はありません。４分の１錠、あるいはそれ以下でも、じゅうぶんに事足ります。

　バイアグラがあれば、すばらしいセックスができると考えている女性もいます。バイアグラの服用は個人的な問題であり、医師と相談して決めることです。たしかに、正しい状況で服用すれば、驚くほどの効果があるでしょう。

　男性は、パートナーが確実にセックスを望まないかぎり、服用するべきではありません。女性は、相手にバイアグラを飲むよう頼んでおきながらセックスを拒んだとしたら、それはむごい仕打ちです。女性の方はどうぞ、誠実になってください。あなたのために最高の恋人になりたいというパートナーの気持ちを理解し、彼の愛情に心から応えましょう。

The Preview
ちらっと見せる

男性が上になります。オルガスムに達する直前にペニスを抜き、精液の飛び出す瞬間をパートナーに見せます。そしてペニスを膣に戻し、フィニッシュします。こうすると、ものすごく興奮する女性もいます。おわかりのように、このテクニックはコンドームをつけるとできないので、結婚しているカップル向きです。

男性は、手で握りながらペニス抜き出します。あるいは、女性がタイミングを見計らって、すばやく手をのばしてもいいでしょう。手を使わずに引き抜くだけでは、男性は勢いがそがれます。

オルガスムを迎えたあとは、勃起は長くもちません。女性はそのことを理解して、男性がペニスを抜いて挿入しなおすときには、彼に全神経を集中させてください。女性がクライマックスに達するのにまだかかるようでしたら、男性は奥まで挿入して、彼女の性器をこすりながら上に動き、ク

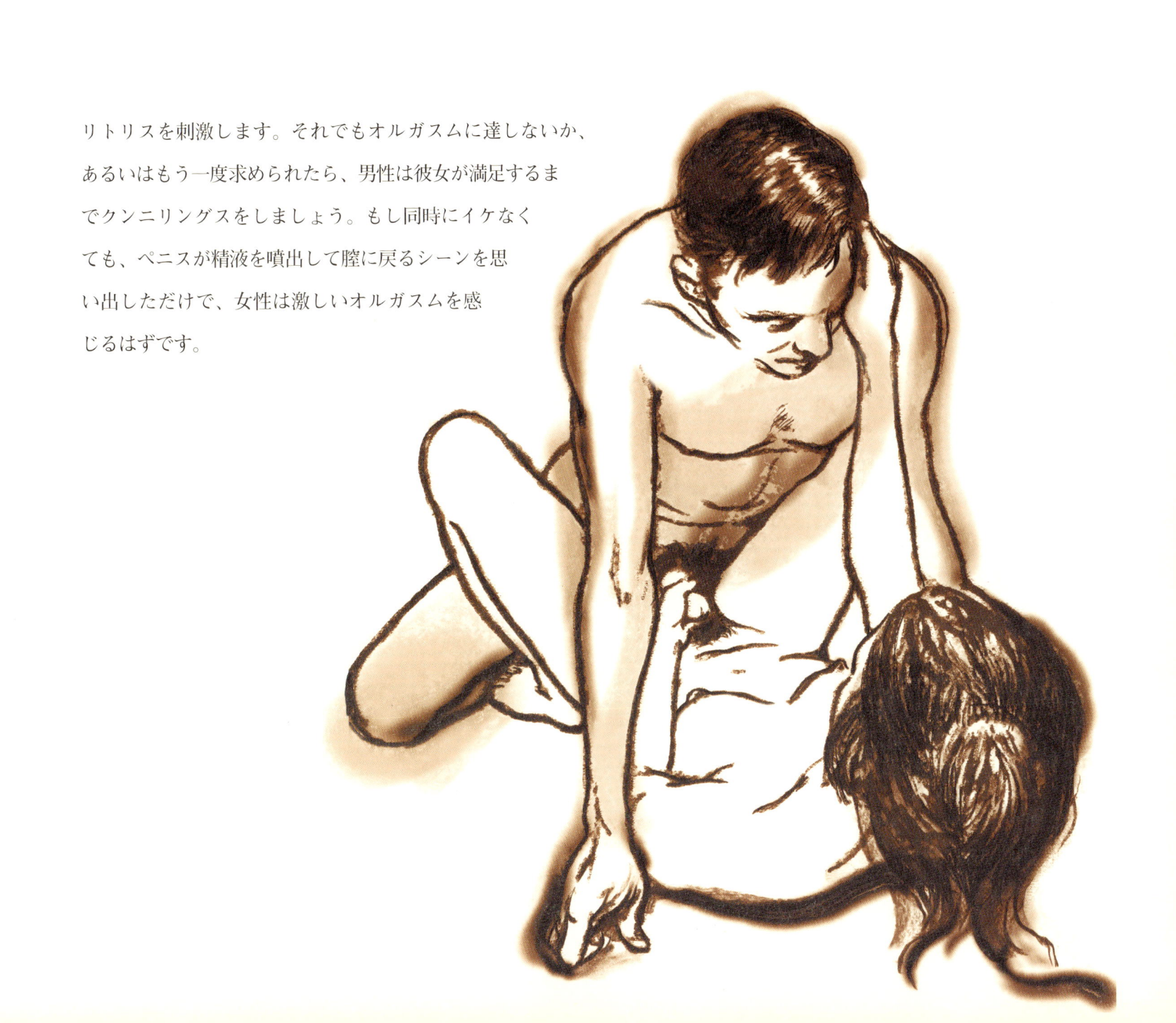

リトリスを刺激します。それでもオルガスムに達しないか、あるいはもう一度求められたら、男性は彼女が満足するまでクンニリングスをしましょう。もし同時にイケなくても、ペニスが精液を噴出して膣に戻るシーンを思い出しただけで、女性は激しいオルガスムを感じるはずです。

120

Out of Her Vagina, into Her Mouth
膣から出して口へ

　男性はオルガスムの直前、または感じはじめたときに、ペニスを抜き出して、女性が口に含めるように身体をずらします。これがとても好きな女性もいます。セックスを自由に楽しみ、パートナーに自分の愛液を舐めてほしいのとおなじように、彼の精液も口にしたいのです。

　このときに、女性は自分の液も味わうことができます。彼のものと混じり合って、格別な味になるでしょう。

　この方法は、コンドームをつけていてはできません。したがって、結婚しているカップルか、あるいはふたりとも確実に性病の恐れがないときに適しています。

「大人になって、性生活ではいつも早漏に苦しめられた。まるで使い捨てでがっかり。ちっとも満たされなかったわ」

——キム

「男は早くイカされてしまうことがある。女のなかの何かに共鳴して、自分ではコントロールできない。そういうときは、彼女を悦ばすことに集中するのがいい。たとえ一時的に自分の快感が薄らいでも」

——マーク

Premature Ejaculation
早漏

　早漏は多くの男性が抱える悩みです。早く射精してしまうのではないかと恐れるあまり、自信をなくし、セックスを避けることさえあります。女性はパートナーの不安を察し、リラックスさせてあげましょう。長くもたせる方法としては、男性はまず相手に尽くすことです。挿入する前に、唇や舌、指を使って彼女を愛撫しましょう。

　すぐに射精しそうになったら、パートナーに伝えます。女性は睾丸を口に含み、そっとひっぱる（彼の足のほうに）と、射精を遅らせることができます——ただし、噛まないように注意してください！

　うまくいけば、男性がオルガスムを感じるの

を止め、勃起した状態を保てます。セックスの前に話し合うことをお勧めします。男性が、あらかじめ決めておいた言葉やタッチで彼女に合図してもいいでしょう。

セックスをしていてパートナーが突然やめたら、どんな気持ちがするでしょうか。うれしいはずがありません。男性は、そのことを心に留めてください。早く射精しそうになったら、彼女がとまどって欲求不満になることを考えます。自分の欲求は忘れ、彼女の求めに耳を傾けて、じゅうぶんに満足させてあげましょう。それによって、彼女の不満は解消され、信じられないほどの幸福に満たされるはずです。

たえず早漏に悩まされるようでしたら、専門家に相談してもいいでしょう。男性がひとりで行っても、パートナーと一緒でもかまいません。セラピストは、男性の"絶頂切迫点"の見極め方や、性的興奮を少しずつ高める方法などを教えてくれます。

Communication
コミュニケーション

　新しいテクニックを試すのは気がひける、と考える人もいるでしょう。パートナーはどう思うか。うまくできるだろうか。何か訊かれたら、どう答えよう。

　女性は誰でも、最高の恋人になろうとする男性の努力を認めます。新しい試みを話し合う方法はさまざまですが、いちばんいいのは自分自身をさらけだすことです。

こんなふうに言うといいでしょう。「今日は、新しいことをやってみたい。きっと気に入るよ。ちがうやり方がいいとか、やめてほしいと思ったら言ってくれ。やさしくしてほしいときは、ぼくの肩をたたいてもいいし、どう感じるか言ってくれるだけでもいいよ」

あるいは、「きみには、まだ秘められた魅力がたくさんある。ぼくの手でそれを引き出させてあげたい」と言うこともできます。

　まず彼女を優先しましょう。「しばらくペニスのことは忘れて、きみに尽くしたい。きみさえよければ、たっぷり時間をかけて、気が遠くなるほど気持ちよくしてあげるよ」

　「あなたはどうなの？」と訊かれたら、こう答えましょう。「きみが悦べば、ぼくもますます興奮する。もっともっと気持ちよく感じてくれたほうがうれしい」

　謙虚になることも大切です。「もっと悦ばせてあげたいけれど、うまくいかないかもしれない。きみを気持ちよくさせるために、手を貸してほしい。どれが気に入って、どれがいやか、はっきり教えてくれ。話しかけられても気は散らない。きみの協力が必要なんだ」

きちんと説明するのもいいでしょう。たとえば、円を描くテクニックを試すときには、こう言います。「まず右回り、次に左回りにやってみる。どっちが感じるか教えてくれ」。彼女にはかならず好みがあるはずです。それを見つけない手はありません。

　女性は、彼がお互いに楽しもうとしていることに気づいてください。文句を言うのではなく、やさしく話すことがとても大切です。責めるより励ますほうが、うまくいくのです。「いや！　やめて！　強すぎるわ！」の代わりに、「やさしくして、ねえ、お願い。そうよ」と言いましょう。もちろん、男性はすぐに言われたとおりにしなければなりません。それは、立場が逆になってもまったくおなじです。

　男性は、女性の濡れ具合によく注意しましょう。男性にとってはよくても、「潤滑剤を使ってほしい？」と訊いて困ることはありません。潤滑剤をちょっと塗るだけで、痛みがエクスタシーに変わります。女性は一人ひとり、さわられ方によっても感度が異

なります。男性は、どうしたら相手が感じ、どうしたら感じないのかを見分けることが必要です。潤滑剤をいつ、どれだけ塗るのかは大切な問題です。女性は、パートナーの行為が期待どおりでなかったら、どうしてほしいか遠慮なく言いましょう。いえ、かならずそうしてください。希望を伝えれば、次のときにもっと感じさせてくれるはずです。

「虐待の過去——性的なものでなくても——は関係に大いに影響するけれど、愛、信頼、理解、忍耐、すばらしいセックス、ときにはセラピーの力で克服できるわ」

——キム

「男は、虐待が女の人生に深い影響を与えることを見落としがちだ。本書ではそうした問題は扱わないが、このきわめて大切なテーマに光を投げかける、すぐれた本やセラピストが存在する」

——マーク

Abuse
虐待

　これまで多くの女性が、何らかの形で肉体や心に虐待を受けてきました。虐待の経験のせいで、本来ならばすぐにオルガスムにつながる行為に、心身ともに反応できないという例もあります。多くの場合、そうした女性は専門家の手を借りて立ち直ります。けれどもわたしたち著者は、みずからの経験から、愛を惜しまない忍耐と思いやりがあれば、抵抗をとりのぞいて快感につながると信じています。

　女性がもっとも悦ぶ行為でも、はじめて試したときには感じないこともあります。女性がパートナーを信頼し、安心して悦びを感じ、自由に解放されるまでには時間が必要です。いま、もっとも感じる方法を見つけてください。同時に、将来のためにいろいろ試してみましょう。

「満ちたりた性の関係は、心身の健康に欠かせない」

——キム、マーク

Encouragement
勇気づける

　誰でも勇気づけられればうれしいし、必要なことでもあります。とくに、セックスでは大切です。ただし、真実を隠してはいけません。相手を傷つけないように嘘をつけば、結局は関係にひびがはいります。女性は、自分を気持ちよくさせようとするパートナーの努力に、感謝を示してください。男性は、どんなに彼女と一体になりたいか、そして同時に　悦ばせたいと思っているかを伝えましょう。

　勇気づけると関係は発展しますが、相手を責めればそこで終わりです。セックスのたびに、少しでも励ましの言葉をかけるのがいいでしょう。

「髭がちくちくするのはいや。清潔にする、髭は剃る、シャワーは浴びたて。それが条件よ」

——キム

「彼女を燃えさせたかったら、あらゆる面で努力する。燃えるようなセックスは、冷めているときと比べものにならない」

——マーク

Clean and Smooth
清潔に、髭を剃って

　女性は、清潔で髭を剃りたての男性を好みます。とくに体臭の強い男性は、セックスの前にかならず入浴しましょう。女性の場合、自分で認めるよりもにおいに敏感なことが多く、男性がにおうと、興ざめするかもしれません。体臭には食事も影響します。詳細については、数多くの本が出版されています。特定の薬を服用しても、不快な体臭の原因となることがあります。

　髭剃りは、男性がふつうに考えるよりずっと大切です。顔やペニスをやすりでこすられたらどうでしょうか。髭を剃らないでセックスをすると、女性はそのように感じるのです。

　息も忘れてはいけません。口臭の原因には、歯磨きを怠る、においのきついものを食べる、食事を抜く、水分が不足している、などが考えられます。

男性は、体臭や口臭、髭が気になるときには正直に言ってくれるよう、パートナーに頼んでおきましょう。女性は、石鹸、歯ブラシ、シェービングクリームなど、必要だと思ったものを彼に渡してもかまいません。男性は黙って受けとり、身ぎれいになってさっぱりしましょう。くれぐれもユーモアのセンスを忘れず、プライドに邪魔されないでください。

Final Thoughts
まとめ

　セックスは永遠の神秘であり、イラストや文章ではとても説明しきれません。男性にとって真のセックスとは、女性のあらゆる震えを感じとり、彼女がどう感じているかを身体で理解することです。相手を心ゆくまで満たせば、今度は相手が満足させてくれるでしょう。このように、セックスは心の関係を映し出します。

　お互いができるだけ多くの面で理解し合えば、セックスは最高のものになります。テクニックの点では、理想の恋人になるのは簡単です。つまり、相手をクライマックスに導く方法は誰でも覚えられます。けれども、自分自身をオルガスムに導いたときにこそ、とびきりのセックスと言えるのです。どうしたらそうなるのかは、はっきりわかりません。まったく知らない相手とすばらしいセックスができることもあれば、愛する人とのセックスがひどい場合もあります。問題は、大切な要素をいかにすべて組み合わせて、お互いに満足し合うか、ということです。

それにはまず、満足感を見つけたいという気持ちをもつことが必要です。あなたが誰で、ふたりの関係がどうであれ、最高に感じて濡れるためにどうするか——恋人に触れ、ともに動く方法——を知るのは、大いに役立ちます。生きることは、動物的な激しい性欲と切っても切り離せません。セックスは、その瞬間のエネルギーの表われなのです。

　このエネルギーは、パートナーと時とともに変化し、二度とおなじことはありません。男性はセックスの方法を学んだら、たとえ何が起ころうとも、つねにすばらしいセックスができるようにしっかり準備します。何らかの理由でそれがかなわないときには、いさぎよくエネルギーを押しとどめ、次の機会が訪れるのを待ちましょう。

　性的な満足感は、本のなかでは表現できません。ここでの提案を話し合いのきっかけとし、より満たされた性生活を求めて、ふたりで支え合いましょう。

本書の最終的なテーマは、パートナーを思いやり、相手の欲求に敏感になり、お互いの魅力をたっぷり引き出そうとすることの責任についてです。愛情のうちにこうした約束を交わして守りながら、一人ひとりが、それぞれの満足感を本にしたためていきましょう。

About the Authors
著者について

キム・キャトラル

　女優。ゴールデングローブ賞およびエミー賞にノミネート。米ケーブルテレビHBOの人気ドラマ『セックス・アンド・ザ・シティ』にサマンサ・ジョーンズ役で出演し、世界中のファンを魅了している。

　英国リバプールに生まれ、ブリティッシュコロンビア州バンクーバー島（カナダ）で育つ。16歳でニューヨークに移住し、アメリカ演劇芸術アカデミーに入学。卒業と同時にユニバーサル映画と契約し、『マイ・ハート　マイ・ラブ』でジャック・レモンの相手役を演じる。その後も『マネキン』、『マスカレード　甘い罠』、『スタートレックⅥ　未知の世界』、『ゴースト・ハンターズ』、『虚栄のかがり火』、『ハイジ・クロニクル　明日を信じて』、『ライブ・ヌード・ガールズ』などの映画に出演。舞台では、『橋からの眺め』、『三人姉妹』、『令嬢ジュリー』、『人間嫌い』、『ワイルド・ハニー』などの作品がある。

　ブルースの音楽家を支援する非営利組織〈ミュージックメーカー・リリー

フ・ファンデーション〉で支援活動を行なっている。

マーク・レヴィンソン

　カリフォルニア州オークランドに生まれる。幼少時から家庭のレコードプレイヤーで音楽に親しむ。その後、プロのジャズ・ミュージシャンとなり、フリューゲルホルンとダブルベースを担当。ポール・ブレイ、ソニー・ロリンズ、キース・ジャレット、ビル・エルガートなど数々のスターと共演する一方で、アリ・アクバル・カーンとともに長年にわたって北インド古典音楽を研究する。

　オーディオ・メーカー〈レッド・ローズ・ミュージック〉の創立者兼CEO。オーディオ界の中心的存在として、1971年以来、飛躍的な水準の向上に貢献してきた。ティム、デニース・ダフィーらと協力し、〈ミュージックメーカー・リリーフ・ファンデーション〉を設立。カントリーブルースやフォークで過去に活躍した音楽家たちに、金銭、医療、楽器、介護などの面で援助を行なう。彼らのレコーディングやマスターテープ制作も手がけている。

Index

あ
愛　　11
脚を頭上に　　110-112
　　Gスポットへの刺激　　76
　　クリトリスを吸う　　112
アヌスへの刺激　　70-73, 93
意見の食いちがい　　35
映画『ギフト』　　38-40
円　　50-51
オーラルセックス
　　基本の姿勢　　47-49
　　アヌスへの刺激　　70-73
　　さらなる目覚め　　78
　　直後の挿入　　75-77
　　指との両攻め　　64-69
　　吸う技術　　112
　　上達へのレッスン　　46, 55
オーラルセックスの技
　　円　　50-51
　　8の字　　52
　　左右に舐める　　54-55
　　唇と歯の使い方　　56-59
　　絶倫舌のテク　　82-83
　　上下に舐める　　53
思いやり　　11

か
カール・G・ユング　　39
感情を出す　　22, 35, 41
官能的な映画　　113
亀頭　　108-109
虐待　　130-131
唇の使い方　　56-59
クリトリス　　44-46
　　吸う　　56
　　ペニスで触れる　　94-95
　　痙攣　　60
口臭　　135
後背位　　96-97, 106-107
コミュニケーション　　41, 125-129
　　はっきりと伝える　　36

さ
サマンサ・ジョーンズ　　14, 19
サム・ライミ　　38
左右に舐める　　54-55
Gスポット　　94-95
　　超快速テク　　102-103
　　指で　　68-69
　　正常位　　76
　　両脚をあげる　　76
　　横からの挿入　　77
　　騎乗位からの刺激　　98-99
自由　　42-43
潤滑剤　　70-72, 129
女性の反応　　45
精液が飛び出す瞬間　　118-119
清潔　　134-136
正常位　　76-77, 90-95
挿入
　　オーラルセックス後　　75-77
　　体位　　84-115
早漏　　122-124

た
体臭　　135
膣から出して口へ　　120-121
乳房の愛撫　　78
トム・エパーソン　　38

な
何度もイク　　80-81

は
8の字　　52
不安、恐れ　　36, 38-41
ペニスでクリトリスに触れる　　94-95

ま
まず、やさしく始める　　34

や
指テク　　64-69
欲求不満　　36

ゆ
勇気づける　　133

サティスファクション
究極の愛の芸術

2002年7月10日　初版発行
2002年8月31日　第四刷発行

著者
キム・キャトラル&マーク・レヴィンソン

訳者
清水由貴子

発行者
河村光庸

発行所
株式会社アーティストハウス
〒150-0002 東京都渋谷区渋谷1-17-8 2F
電話 03-3499-2985
http://www.artisthouse.co.jp

発売元
株式会社角川書店
〒102-8177 東京都千代田区富士見2-13-3
電話 03-3238-8521(営業)・振替 00130-9-195208

装丁
MARTY inc.

印刷・製本
大日本印刷株式会社

本文組版
株式会社イーストウエストコーポレーション

落丁・乱丁本はお取り替えいたします。
本書の無断複写・複製・転載を禁じます。定価はカバーに表示してあります。
©2002 ArtistHouse Printed in Japan
ISBN4-04-898086-6 C0036